野菜名は探しやすい **50** 音順

一生使える！

🍴 野菜の 🍴
おかず事典

300

阪下千恵

いつも使う **41種の野菜** で
パパッと作って、
～よう

JN047182

はじめに

「主菜は決まった！ でも副菜どうしよう？」とか、

「あと1品ほしい…」、「野菜が安く手に入った」、

「1個だけ、使い残した！」……なんてこと、ありますよね。

そんなときに役立つ、

野菜のちょこっとしたおかずのレシピを集めました。

冷蔵庫の野菜室にあるものですぐ作れるように、

野菜別にまとめたレシピは、

どれも3ステップ以内でできる、シンプルで簡単なものばかり。

合わせる調味料や食材も、身近なものだけで作れます。

ちょっとした箸休めから、野菜不足を補うサラダやあえもの、

主菜がもの足りないときにもぴったりの食べごたえのあるおかずに、

お弁当にもちょうどいいおかずまで、

紹介しているレシピはなんと300！

作りたかった、食べたかったちびおかずが、きっと見つかります！

[この本で使う調味料]

この本で使っているのは、身近でなじみのある調味料や、
手に入りやすい調味料ばかりです。どのレシピも気軽に作ることができます。

基本調味料

しょうゆ　　　　　塩　　　　　　砂糖

みりん　　　みそ　　　はちみつ　　　酢

油脂

ごま油　　　　オリーブ油

バター　　　サラダ油

酒類

酒

白ワイン

オイスターソース

塩麹

中濃ソース

ウスターソース

めんつゆ(2倍濃縮)

マヨネーズ

ポン酢しょうゆ

ナンプラー

トマトケチャップ

豆板醤

甜麺醤

コチュジャン

ゆずこしょう

ラー油

粒マスタード

フレンチマスタード

練りわさび

練りがらし

小麦粉　　片栗粉

パン粉

クミンパウダー

カレー粉

粗びき黒こしょう

粉山椒

こしょう

黒粒こしょう

ドライバジル

シナモンパウダー

七味唐辛子

ローリエ

ドライパセリ

顆粒コンソメ

固形コンソメ

鶏ガラスープの素

和風だしの素

かぶ

かぼちゃ

カリフラワー

[contents]

アスパラガス

アボカド

オクラ

里いも

さやいんげん

じゃがいも

小松菜

さつまいも

● **この本の決まりごと**

・大さじ1＝15㎖、小さじ1＝5㎖、1カップ＝200㎖です。

・電子レンジの加熱時間は、600Wのものを基準にしています。500Wの場合は加熱時間を1.2倍、700Wの場合は0.8倍を目安にしてください。

・電子レンジやオーブントースターは、機種により、加熱具合に多少差が出ることがあります。様子を見ながら調節してください。

・アルミホイルは、くっつかないタイプのものを使用しています。普通のホイルを使うときは、サラダ油を薄く塗ってください。落としぶたとして使用するときなどは、普通のホイルでOKです。

・特に記載がない場合でも、食材を洗う、ヘタや種を取る、皮をむくなど、基本的な下ごしらえを適宜行ってから調理に入ってください。

・「だし汁」は昆布と削り節でとった和風のだし汁のことです。

アスパラガス

「新芽」を意味するギリシャ語が名前の由来。
疲労回復に働くアスパラギン酸がたっぷりです。

001 卵をくずしてからめながらどうぞ
ゆでアスパラの温玉のせ

材料（2人分）

アスパラガス … 6本
温泉卵 … 1個

A
粉チーズ … 大さじ½
塩、粗びき黒こしょう
… 各少量
オリーブ油 … 大さじ1

作り方

1 アスパラは根元側⅓の皮をピーラーでむく。

2 フライパンに湯を沸かし、塩適量（分量外）を加え、1を1〜2分ゆでてざるにあげる。

3 器に盛り、温泉卵をのせ、Aを順にかける。

MEMO
温泉卵の代わりにマスタードと
マヨネーズをかけてもおいしい。

相性抜群！シンプルに塩味で

002 **アスパラのベーコン巻き**

材料（2人分）

アスパラガス … 6本
ベーコン … 3枚
オリーブ油 … 小さじ1
塩、粗びき黒こしょう … 各少量

作り方

1 アスパラは根元側⅓の皮をピーラーでむき、3等分に切る。ラップでふんわりと包み、電子レンジで1分ほど加熱する。ベーコンは半分に切る。

2 ベーコン1切れにアスパラを3切れずつのせて巻く。巻き終わりをようじで縫うようにとめる。

3 フライパンにオリーブ油を中火で熱し、2の巻き終わりを下にして並べる。転がしながら焼き色がつくまで焼き、塩、粗びき黒こしょうをふる。

MEMO

トマトケチャップを添えても。

003 レモンの酸味が味の引き締め役

アスパラとツナのサラダ

材料（2人分）

アスパラガス … 6本

ツナ缶 … ½缶（35g）

A | マヨネーズ … 大さじ1
　 | レモン汁 … 小さじ1
　 | 塩、こしょう … 各少量

作り方

1 アスパラは根元側⅓の皮をピーラーでむき、4等分に切る。

2 鍋に湯を沸かし、塩適量（分量外）を加え、1を1〜2分ゆでてざるにあげる。

3 ボウルに軽く油をきったツナ、2を入れ、Aを加えてあえる。

MEMO

レモン汁がないときは酢でもOK。

004 アスパラの おかか梅あえ

梅干しが削り節のうまみでマイルドに

材料（2人分）

アスパラガス … 6本
削り節 … 小1パック（1g）
梅干し … ½〜1個

作り方

1 アスパラは根元側⅓の皮をピーラーでむき、4等分の斜め切りにする。梅干しは種を除いて包丁でたたく。

2 鍋に湯を沸かし、塩適量（分量外）を加え、アスパラを1〜2分ゆでてざるにあげる。

3 ボウルに入れ、1の梅干し、削り節を加えてあえる。

005 アスパラの焼きびたし

できたてでも、翌日でもおいしい

材料（2人分）

アスパラガス … 6本
A｜めんつゆ（2倍濃縮）、
　水 … 各大さじ3
削り節 … 適量

作り方

1 アスパラは根元側⅓の皮をピーラーでむき、半分に切る。

2 オーブントースターの天板にアルミホイルを敷き、1を並べ、4分ほど焼く。裏返してさらに4分ほど焼く。

3 バットにAを合わせ、2を熱いうちにひたす。器に盛り、削り節をふる。

006 ジュースで手軽にミネストローネ風
アスパラとウインナーのトマトスープ

材料（2人分）

アスパラガス … 4本
玉ねぎ … ¼個
ウインナー … 2本
オリーブ油 … 小さじ1
A ┃ 水 … カップ1
　 ┃ トマトジュース（無塩）… 150㎖
　 ┃ 固形コンソメ … 1個
粉チーズ … 適量

作り方

1 アスパラは根元側⅓の皮をピーラーでむき、4〜5等分の斜め切りにする。玉ねぎは縦薄切りにする。ウインナーは4等分の斜め切りにする。

2 鍋にオリーブ油を中火で熱し、玉ねぎを1〜2分炒める。しんなりしたらAを加え、ふたをして煮立てる。

3 アスパラ、ウインナーを加えて2〜3分煮る。器に盛り、粉チーズをふる。

MEMO

Aに砂糖小さじ½を加えると酸味がマイルドに。

007 じっくり焼いて香ばしく
アスパラの
マヨネーズ焼き

材料（2人分）

アスパラガス … 6本
マヨネーズ … 適量
塩、粗びき黒こしょう … 各少量

作り方

1 アスパラは根元側⅓の皮をピーラーでむき、3〜4等分に切る。

2 耐熱皿に薄くオリーブ油（分量外）を塗り、1を並べて塩、マヨネーズをかける。

3 オーブントースターで8〜9分、マヨネーズに軽くこげ目がつくまで焼き、粗びき黒こしょうをふる。

008 ごま油の香りがふわりと広がる
アスパラのナムル

材料（2人分）

アスパラガス … 6本

A ｜ ごま油 … 大さじ½
｜ しょうゆ … 小さじ1
｜ 白いりごま … 小さじ½
｜ 鶏ガラスープの素 … 小さじ¼
｜ こしょう … 少量

作り方

1 アスパラは根元側⅓の皮をピーラーでむき、4〜5等分の斜め切りにする。

2 鍋に湯を沸かし、塩適量（分量外）を加え、1を1〜2分ゆでてざるにあげる。

3 ボウルに入れ、Aを加えてあえる。

アボカド

なめらかな舌ざわりと濃厚な味わいが特徴。
抗酸化力が強いビタミンEが豊富。

アボカドは和風味にも好相性

009

アボカドのしらすポン酢がけ

材料（2人分）

アボカド … 1個
しらす干し … 大さじ2
青じそ … 3枚
ポン酢しょうゆ … 適量

作り方

1 アボカドは8等分のくし形切りにして器に盛る。
　青じそはせん切りにし、さっと水にさらして水
　けをしぼる。

2 1のアボカドにしらす、青じそをのせ、ポン酢
　しょうゆをかける。

20

やさしいまろやかな味わい

010 アボカドとゆで卵のマヨサラダ

材料 (2人分)

アボカド … 1個
ゆで卵 … 1個

A | マヨネーズ … 大さじ1½
レモン汁 … 小さじ1
塩、粗びき黒こしょう
 … 各少量

作り方

1 アボカドは8等分のくし形切りにしてから横半分に切る。ゆで卵は縦4等分に切る。

2 ボウルに1を入れ、Aを加えてあえる。

MEMO

1cm幅に切り、カリカリに炒めたベーコンを加えてもおいしい。

011 好みで白いりごまをふっても
アボカドのナムル

材料（2人分）

アボカド … 1個

A
ごま油 … 小さじ1
しょうゆ … 小さじ⅓
こしょう、鶏ガラスープの素
… 各少量

焼きのり … 全形⅙枚

作り方

1 アボカドは1.5cm角に切る。

2 ボウルに1を入れ、Aを加えてあえる。
器に盛り、焼きのりをちぎってちらす。

おかかじょうゆが意外とマッチ

012 アボカドとチーズのおかかあえ

材料（2人分）

アボカド … 小1個
プロセスチーズ（カットタイプ）
　… 3枚（25g）
A | 削り節 … 2g
　| しょうゆ … 小さじ⅔

作り方

1 アボカドは1.5cm角に切る。チーズは1cm
　四方に切る。

2 ボウルに1を入れ、Aを加えてあえる。

わさびをきかせておつまみ風に

013 **アボカド納豆**

材料（2人分）

アボカド … ½個

納豆 … 1パック（45g）

A
| 納豆に添付のたれ … 1パック分
| しょうゆ … 小さじ½〜1
| 練りわさび … 小さじ¼

作り方

1 アボカドは1.5cm角に切る。

2 ボウルに1、納豆を入れ、Aを加えてあえる。

MEMO

マヨネーズやごま油を加えても。

 014 にんにくの香りでワインによく合う
アボカドとベーコンのソテー

材料（2人分）
アボカド … 1個
ベーコン … 2枚
オリーブ油 … 大さじ½
A｜水 … 小さじ1
　｜おろしにんにく … 小さじ¼
　｜塩、粗びき黒こしょう
　｜　… 各少量

作り方
1. アボカドは8等分のくし形切りにする。ベーコンは1.5cm幅に切る。
2. フライパンにオリーブ油を中火で熱し、1を入れ、アボカドの上下を返しながら炒める。
3. Aを加えてさっと炒める。

MEMO

トマトケチャップをかけるのもおすすめ。

オクラ

β-カロテン、ビタミンB群のほか、骨を強くする
カルシウムやマグネシウムも豊富な優秀野菜。

---

015 クミンのエスニックな香りがそそる

オクラのクミン風味炒め

材料（2人分）

オクラ … 8本
アーモンド … 8粒
オリーブ油 … 大さじ½
A | クミンパウダー、
　 | 塩 … 各少量

作り方

1 オクラはガクをぐるりと包丁でむき、塩適量（分量外）をふって板ずりし、水洗いして水けを取る。アーモンドは縦半分に切る。

2 フライパンにオリーブ油を中火で熱し、1を2～3分炒める。Aで調味する。

MEMO

クミンパウダーの代わりに、
カレー粉をふってもおいしい。

016 ごはんにも、お酒のつまみにも

オクラとメンマの ピリ辛あえ

材料（2人分）

オクラ … 8本
メンマ（味つき） … 25g

A
しょうゆ … 小さじ⅓
ラー油 … 少量

白髪ねぎ … 適量

作り方

1. オクラは塩適量（分量外）をふって板ずりする。メンマは1cm幅に切る。
2. 鍋に湯を沸かし、オクラを1〜2分ゆでて冷水にとり、水けをきる。ヘタを切り落とし、6等分の斜め切りにする。
3. ボウルに2、メンマを入れ、Aを加えてあえる。器に盛り、白髪ねぎをのせる。

017 いかの塩辛を調味料代わりに

オクラの塩辛あえ

材料（2人分）

オクラ … 8本
いかの塩辛（市販）… 大さじ1〜1½

作り方

1. オクラは塩適量（分量外）をふって板ずりする。
2. 鍋に湯を沸かし、1を1〜2分ゆでて冷水にとり、水けをきる。ヘタを切り落とし、4等分の斜め切りにする。
3. ボウルに2を入れ、塩辛を加えてあえる。

018 しょうがをきかせた上品なおひたし
オクラのめんつゆびたし

材料（2人分）

オクラ … 8本

A | めんつゆ（2倍濃縮）、
　　水 … 各カップ¼

おろししょうが … 小さじ½

作り方

1　オクラはガクをぐるりと包丁でむき、塩適量（分量外）をふって板ずりする。

2　鍋に湯を沸かし、1を1〜2分ゆでて冷水にとり、水けをきる。

3　バットにAを合わせ、2をひたして5分以上おく。器に盛り、おろししょうがを添える。

MEMO

削り節をかけてもおいしい。

019 自然のとろみで口あたりのよいスープ
オクラともずくの ねばねばスープ

材料（2人分）

オクラ … 6本
もずく … 小1パック（40〜50g）
A 水 … 350mℓ
　 鶏ガラスープの素 … 小さじ1
B ごま油、しょうゆ … 各小さじ½
　 こしょう … 少量

作り方

1 オクラは塩適量（分量外）をふって板ずりする。水洗いして水けを取り、ヘタを切り落とし、8mm幅の小口切りにする。

2 鍋にAを煮立て、1、もずく、Bの順に加えて中火でひと煮する。

020 ねばねば食材の組み合わせで体が喜ぶ
オクラ納豆

材料（2人分）

オクラ … 8本
納豆 … 1パック（45g）
A 納豆に添付のたれ … 1パック分
　 しょうゆ … 小さじ½
削り節 … 適量

作り方

1 オクラは塩適量（分量外）をふって板ずりする。

2 鍋に湯を沸かし、1を1〜2分ゆでて冷水にとり、水けをきる。ヘタを切り落とし、5mm幅の小口切りにする。

3 ボウルに2、納豆を入れ、Aを加えて混ぜる。器に盛り、削り節をのせる。

かぶ

消化酵素のアミラーゼを含み、胃の不調を改善。
栄養豊富な葉も一緒に食べて。

021

むいた皮も一緒に炒めて食感よく

かぶとウインナーのペペロンチーノ風炒め

材料（2人分）

かぶ … 2個
かぶの葉 … 2本
ウインナー … 2本
オリーブ油 … 大さじ½

A
赤唐辛子（小口切り）
　… ひとつまみ
おろしにんにく
　… 小さじ⅓

塩、粗びき黒こしょう
　… 各少量

作り方

1 かぶは厚めに皮をむき、縦8等分のくし形切りに、皮
と葉は4cm長さに切る。ウインナーは4等分の斜め
切りにする。

2 フライパンにオリーブ油を熱し、かぶ、かぶの皮、ウ
インナーを炒める。かぶが透き通ってきたら、A、葉
を加えて炒め合わせる。塩、粗びき黒こしょうで調
味する。

MEMO

ドライパセリ、粉チーズを
ふっても。

軽くとろみをつけると冷めにくく、食べやすい

022 かぶの中華風そぼろあんかけ

材料（2人分）

かぶ … 3個

鶏胸ひき肉 … 50g

A
| 水 … カップ1
| オイスターソース、酒
| … 各大さじ1
| しょうゆ、鶏ガラスープの素
| … 各小さじ1
| ごま油、おろししょうが
| … 各小さじ½

片栗粉 … 小さじ1

作り方

1. かぶは葉を少し残して切り落とし、皮をむいて縦半分か4等分のくし形切りにする。葉の根元を竹串でしっかりと洗う。

2. 鍋にAとひき肉を入れて混ぜ、1を加えてふたをし、煮立てる。かぶに竹串がすっと通るまで中火で7～8分煮る。

3. 火を止め、水大さじ1で溶いた片栗粉を加える。弱火にかけ、軽く混ぜながらとろみをつける。

MEMO

加熱しすぎると煮くずれるので注意。

023 レモンのさわやかな香りをプラス
かぶとレモンの浅漬け

材料（2人分）

かぶ … 2個
かぶの葉 … 1〜2本
レモンの輪切り … 2〜3枚
塩 … 小さじ¼

作り方

1 かぶは皮つきのまま縦半分に切ってから、5mm幅に切る。葉は2cm長さに切る。レモンはいちょう切りにする。

2 ポリ袋にかぶと葉、塩を入れて軽くもむ。レモンを加えてなじませ、空気を抜いて口を閉じ、冷蔵庫で20分ほどおく。水けを軽くしぼる。

MEMO

レモンは入れたままにすると苦みが出るので、2時間以上おくときは取り出す。

かにかまのうまみがアクセントに

024

かぶとかにかまの玉ねぎドレッシングサラダ

材料（2人分）

かぶ … 2個

かぶの葉 … 2本

かに風味かまぼこ … 2本

塩 … 小さじ¼

A
| おろし玉ねぎ … 大さじ1
| オリーブ油 … 大さじ1½
| 酢 … 小さじ1
| 塩、こしょう … 各少量

作り方

1 かぶは皮つきのまま縦半分に切ってから、薄切りにする。葉は2cm長さに切る。かにかまは長さを半分に切り、軽くほぐす。

2 ポリ袋にかぶと葉、塩を入れて軽くもみ、4〜5分おいて水けをしぼる。

3 ボウルに2、かにかまを入れ、合わせたAを加えてあえる。

025 シンプルでほっとする定番煮もの
かぶとがんもどきの煮もの

材料（2人分）

かぶ … 3個
かぶの葉 … 3本
がんもどき … 小4個
A ┃ だし汁 … カップ1
┃ しょうゆ、みりん、酒
┃　 … 各大さじ1
┃ 砂糖 … 小さじ1

作り方

1 かぶは皮をむき、縦半分か4等分のくし形切りにする。葉は5cm長さに切る。がんもどきはざるにのせ、熱湯を回しかける。

2 鍋にA、かぶ、がんもどきを入れ、ふたをして煮立てる。弱火にし、かぶがやわらかくなるまで、7〜8分煮る。葉を加え、2分ほど煮る。

026 甘酢に漬けてひと晩。昆布も食べて

かぶの千枚漬け風

材料（2〜3人分）

かぶ … 3個
昆布 … 3cm四方1枚

A
砂糖 … 大さじ4
酢 … 大さじ2
塩 … 小さじ2弱
赤唐辛子（小口切り）… ひとつまみ

作り方

1 かぶは皮つきのまま横に薄い輪切りにする。

2 ポリ袋にAを入れて砂糖を溶かし、1を入れる。昆布を加えて空気を抜き、口を閉じ、冷蔵庫でひと晩おく。

3 汁けをきって器にかぶを盛り、昆布を2〜3mm幅に切って添える。

027 手軽なのに上品な味わいの即席漬け

かぶの塩昆布あえ

材料（2人分）

かぶ … 2個
かぶの葉 … 2本
塩昆布 … ふたつまみ（3g）
塩 … 小さじ¼

作り方

1 かぶは皮つきのまま縦に薄切りにする。葉は1cm長さに切る。

2 ポリ袋に1、塩を入れて軽くもみ、4〜5分おいて水けをしぼる。塩昆布を加えて軽くもむ。

かぼちゃ

ビタミン ACE を多く含む健康野菜。
使い残したときは、種とワタを除いて冷蔵庫で保存を。

山椒の香りと辛みがアクセントに

(028) 焼きかぼちゃの山椒風味

材料（2人分）

かぼちゃ … ⅛個（150g）
サラダ油（またはオリーブ油）
　　… 大さじ½
塩、粉山椒 … 各少量

作り方

① かぼちゃは8mm幅のくし形切りにする。

② フライパンにサラダ油を弱火で熱し、①を並べて
ふたをし、途中数回裏返しながら両面を6分ほど
焼く。

③ 器に盛り、塩、粉山椒をふる。

ほっくり熱々。小腹がすいたときにも

029

かぼちゃのグラタン風

材料（2人分）

かぼちゃ … 1/8個（150g）
玉ねぎ … 1/4個
ベーコン … 1枚
バター … 10g
A　牛乳 … カップ1/2
　　顆粒コンソメ … 小さじ1/2
　　塩、こしょう … 各少量
ピザ用チーズ … 40g

作り方

1. かぼちゃは5mm幅のくし形切りにする。玉ねぎは縦薄切りにする。ベーコンは1.5cm幅に切る。

2. 鍋に1、かぶるくらいの水（約150ml）、バターを入れてふたをし、煮立てる。中火で5〜6分煮たらふたをはずし、汁けをとばす。Aを加え、木べらでかぼちゃをつぶしながら3〜4分煮る。

3. 耐熱容器にサラダ油（分量外）を薄く塗り、2を入れ、チーズをちらす。オーブントースターで焼き色がつくまで7分ほど焼く。

030 かぼちゃの甘みとちくわの塩けが合う

かぼちゃとちくわの
甘辛炒め

材料（2人分）

かぼちゃ … ⅛個（150g）
ちくわ … 1本
サラダ油 … 大さじ½
A｜酒 … 大さじ1
　｜しょうゆ … 大さじ½
　｜砂糖 … 小さじ1

作り方

1 かぼちゃはラップで包み、電子レンジで
　1分ほど加熱する。4cm長さ×8mm幅のく
　し形切りにする。ちくわは1cm幅の斜め
　切りにする。

2 フライパンにサラダ油を弱火で熱し、1
　を入れてふたをし、途中数回裏返しなが
　ら5分ほど焼く。

3 合わせたAを加えてさっとからめる。

031 味しみしみの煮ものもレンジでOK

かぼちゃのレンジ煮

材料（2〜3人分）

かぼちゃ … ¼個（正味300g）
A｜水 … カップ½
　｜しょうゆ、砂糖 … 各大さじ1½
　｜塩 … 少量

作り方

1 かぼちゃは3〜4cm角に切る。皮をところ
　どころそぐ。

2 耐熱ボウルにAを入れて混ぜ、1を加え、
　ふんわりとラップをかけて、電子レンジ
　で4分ほど加熱する。そっと上下を返し、
　さらに3〜4分加熱する。

とろみをつけるとそぼろがよくからみます

032

かぼちゃのそぼろ煮

材料（2人分）

かぼちゃ … ⅛個（150g）
鶏胸ひき肉 … 50g
A｜水 … 大さじ6
｜めんつゆ（2倍濃縮）… 大さじ4
片栗粉 … 小さじ1

作り方

1 かぼちゃは1.5cm幅のくし形切りにし、長さを半分に切る。

2 鍋にAとひき肉を入れてほぐし、1を広げ入れる。ふたをして煮立て、弱火にし、竹串がすっと通るまで7〜8分煮る。

3 火を止め、水大さじ1で溶いた片栗粉を加え、かぼちゃがくずれないように軽く混ぜる。再び中火にかけ、とろみがつくまで煮る。

たっぷりのごまが香ばしく、あとを引く

033 かぼちゃの和風ごまだれサラダ

材料（2人分）

かぼちゃ … ⅛個（150g）
ベビーリーフ … ½パック

A｜白すりごま … 大さじ1½
　｜砂糖 … 小さじ1
　｜しょうゆ … 小さじ1強
　｜酢 … 小さじ1
　｜サラダ油 … 大さじ1

作り方

1 かぼちゃは2cm角に切る。耐熱容器に入れて水大さじ1をふり、ふんわりとラップをかけて、電子レンジで3分ほど、竹串がすっと通るまで加熱する。

2 ボウルにAを順に入れてよく混ぜる。1を加えてあえ、ベビーリーフとともに器に盛る。

034 マヨネーズにヨーグルトを加えて、さっぱり味に

かぼちゃとツナのサラダ

材料（2人分）

かぼちゃ … ⅛個（150g）
玉ねぎ … ⅙個
きゅうり … ¼本
ツナ缶 … ½缶（35g）
塩 … 少量

A
　マヨネーズ … 大さじ1
　プレーンヨーグルト（無糖）
　　… 大さじ½
　塩、こしょう … 各少量

作り方

1 かぼちゃは2～3cm角に切る。耐熱容器に入れて水大さじ1をふり、ふんわりとラップをかけて、電子レンジで3分ほど、竹串がすっと通るまで加熱する。

2 玉ねぎは縦薄切りにしてラップで包み、電子レンジで20秒ほど加熱し、冷水にとって水けをしぼる。きゅうりは薄い輪切りにして塩をふってもみ、水けをしぼる。

3 ボウルに1、2、軽く油をきったツナを入れ、合わせたAを加えてあえる。

カリフラワー

抗酸化作用の強いビタミンCを多く含みます。
腸内環境を整える食物繊維や、カリウムも豊富。

まろやか味に粒マスタードのアクセント

(035)
カリフラワーと玉ねぎのクリーム煮

材料（2人分）

カリフラワー … ⅓株（正味150g）
玉ねぎ … ¼個
バター … 8g
小麦粉 … 大さじ1

A | 牛乳 … カップ1
  | 水 … カップ⅓

B | 粒マスタード … 小さじ1
  | 塩、こしょう、
  | 顆粒コンソメ … 各少量

作り方

1 カリフラワーは小房に分ける。玉ねぎは縦薄切りにする。

2 鍋にバターを中火で熱し、玉ねぎを1～2分炒める。小麦粉をふり入れてさらに炒め、カリフラワーとAを加えて煮立てる。ふたをして弱火で2～3分煮て、Bを加えて混ぜる。

MEMO

作り方2で水分が少なくなったら、
水か牛乳大さじ2～3を足す。

※冷蔵庫で4日間ほど保存可能

036 ほどよい酸味の箸休め
カリフラワーのピクルス

材料（作りやすい分量）

カリフラワー … ½株（正味250g）

A
酢 … カップ½　水 … カップ¼
砂糖 … 大さじ5　塩 … 大さじ½
赤唐辛子（種を除く）… ½本

作り方

1 カリフラワーは小房に分ける。

2 耐熱ボウルにAを入れて混ぜ、1を加えてふんわりとラップをかけ、電子レンジで2～3分加熱し、上下を返してさらに2分ほど加熱し、全体を混ぜる。

3 ファスナー付き保存袋に入れ、空気を抜いて口を閉じ、粗熱が取れたら冷蔵庫で2時間ほどおく。

037 蒸し焼きで中までしっかり火を通して
カリフラワーの
ペペロンチーノ炒め

材料（2人分）

カリフラワー … ⅓株（正味150g）
にんにく（薄切り）… 1かけ分
オリーブ油 … 小さじ2
赤唐辛子（小口切り）… ひとつまみ
塩、粗びき黒こしょう … 各少量

作り方

1 カリフラワーは小房に分け、大きければ根元に切り込みを入れて半分にさく。

2 フライパンに1と水カップ¼を入れてふたをし、中火で1～2分蒸し焼きにする。ふたをはずして水けをとばす。

3 にんにく、オリーブ油、赤唐辛子を加えて炒め、塩、粗びき黒こしょうで調味する。

 スパイシーな味と香りがやみつきに

カリフラワーのサブジ風蒸し煮

材料（2人分）

カリフラワー … ⅓株（正味150g）
にんにく（薄切り）… 1かけ分
オリーブ油 … 大さじ½
A
| カレー粉 … 小さじ½
| 白ワイン（または酒）
| … 大さじ1½
| 水 … カップ½
塩 … 少量

作り方

1 カリフラワーは小房に分け、大きければ根元に切り込みを入れて2～3等分にさく。

2 フライパンにオリーブ油、にんにくを入れて弱火にかけ、香りが立ったら1を加え、油がなじむまで1～2分炒める。

3 Aを順に加えて軽く混ぜ、ふたをして中火で3～4分蒸し煮にする。ふたをはずして水けをとばし、塩をふる。

039 甘みのあるコーンと相性抜群

カリフラワーと
コーンのサラダ

材料（2人分）

カリフラワー … ⅓株（正味150g）
ホールコーン … 大さじ2
A マヨネーズ … 大さじ1½
　 酢 … 小さじ1
　 塩、こしょう … 各少量
ドライパセリ … 少量

作り方

1 カリフラワーは小房に分ける。

2 鍋に湯を沸かし、酢大さじ1、塩ひとつ
　 まみ（各分量外）を加えて1を入れ、3〜4
　 分ゆでてざるにあげる。

3 ボウルに2、コーンを入れ、Aを加えてあえ
　 る。器に盛り、パセリをふる。

040 ごまが香ばしい和風のひと皿

カリフラワーの
ごまあえ

材料（2人分）

カリフラワー … ⅓株（正味150g）
A 白すりごま … 大さじ1½
　 しょうゆ … 大さじ½
　 砂糖 … 小さじ1弱
　 塩 … 少量

作り方

1 カリフラワーは小房に分ける。

2 鍋に湯を沸かし、酢大さじ1、塩ひとつ
　 まみ（各分量外）を加えて1を入れ、3〜4
　 分ゆでてざるにあげる。

3 ボウルに2を入れ、合わせたAを加えて
　 あえる。

きのこ

うまみ成分たっぷりのきのこ。
食物繊維やビタミン D なども豊富に含みます。

数種類のきのこを組み合わせて味わいに変化を

041

ミックスきのこのにんにく炒め

材料（2人分）

マッシュルーム … 4個
まいたけ … ½パック（40g）
エリンギ … 2本
にんにく（みじん切り）… 1かけ分
オリーブ油 … 大さじ1
塩、粗びき黒こしょう
　… 各少量

MEMO

仕上げにパセリのみじん切り大
さじ1を加えても。

作り方

1 マッシュルームは5mm幅に切る。まいたけは
食べやすくほぐす。エリンギは長さを半分に
切り、縦4〜6等分に切る。

2 フライパンに1のきのこを入れて中火にかけ、
しんなりするまでから炒りする。水けが出た
らキッチンペーパーで取り、オリーブ油、に
んにくを加える。

3 軽く焼き色がついたら塩、粗びき黒こしょう
をふる。

46

か

きのこ

カリカリ食感のトッピングが絶妙

042

マッシュルームの粒マスタード風味サラダ

材料（2人分）

マッシュルーム … 6個

レタス、ベビーリーフなどの
　葉野菜 … 適量

オリーブ油 … 大さじ½

塩 … 少量

粒マスタード … 大さじ½

アーモンド … 5粒

A｜ オリーブ油、
　　塩（各好みで） … 各適量

作り方

1 マッシュルームは5mm幅に切る。アーモンド
は粗く刻む。葉野菜は食べやすい大きさに
ちぎる。

2 フライパンにオリーブ油を中火で熱し、マッ
シュルームを炒める。焼き色がついたら塩、
粒マスタードを加えて炒め合わせる。

3 器に葉野菜を敷き、2をのせ、アーモンド
をちらす。好みでAをかける。

たっぷり作っておけば常備菜にも

043 **きのこのしょうゆ漬け**

材料（2〜3人分）

好みのきのこ（しいたけ、しめじ、
エリンギなど）… 合わせて300g

A
しょうゆ … 大さじ1½
みりん … 大さじ½
ごま油 … 小さじ1
赤唐辛子（種を除く）… ½本分

作り方

1 しめじは食べやすくほぐす。しいたけ
は5mm幅に切る。エリンギは長さを半
分に切り、縦4〜6等分に切る。

2 耐熱容器に1を入れてふんわりとラッ
プをかけ、電子レンジで3分30秒ほ
ど加熱する。

3 水けをしっかりきり、合わせたAをか
らめて20分ほどおく。

044 えのきのおろしあえ
おろしポン酢でさっぱりと

材料（2人分）

えのきたけ … 1パック（100g）
大根おろし … 4cm分
酒 … 大さじ1
ポン酢しょうゆ … 適量

作り方

1. えのきは2～3等分に切る。耐熱容器に入れて酒をふり、ふんわりとラップをかけて電子レンジで1分30秒ほど加熱し、汁けをきる。

2. 1と軽く汁けをきった大根おろしを合わせて器に盛り、ポン酢しょうゆをかける。

045 きのこのナンプラー炒め
ナンプラーでエスニックなひと皿に

材料（2人分）

好みのきのこ（まいたけ、しめじなど）
　… 合わせて200g
サラダ油 … 小さじ1
A｜ナンプラー … 大さじ½
　｜砂糖 … 小さじ½

作り方

1. まいたけ、しめじは食べやすくほぐす。

2. フライパンに1を入れて中火にかけ、しんなりするまでから炒りする。水けが出たらキッチンペーパーで取り、サラダ油、Aを加えてさっと炒める。

しょうがで体が内側からほかほか

046 **きのこの和風スープ**

材料 (2人分)

好みのきのこ（えのきたけ、しめじ、
　しいたけなど）… 合わせて100g
だし汁 … カップ2
A | しょうゆ … 小さじ1強
　| みりん … 小さじ1
　| おろししょうが … 小さじ½
片栗粉 … 小さじ1弱

作り方

1. きのこはそれぞれ食べやすく切る。

2. 鍋にだし汁を煮立て、1を入れて中
　　火で3〜4分煮る。

3. Aで調味し、水大さじ1で溶いた片
　　栗粉を加えてとろみをつける。

みんな大好き！ ナポリタン風

047

きのこと魚肉ソーセージのケチャップ炒め

材料（2人分）

まいたけ … 大1パック
魚肉ソーセージ … 1本
オリーブ油 … 小さじ1
A｜トマトケチャップ … 大さじ1½
　｜酒 … 大さじ1
ドライバジル … 少量

作り方

1. まいたけは食べやすくほぐす。魚肉
　ソーセージは斜め切りにする。

2. フライパンにオリーブ油を中火で熱
　し、1を炒める。

3. まいたけがしんなりしたらAで調味す
　る。器に盛り、バジルをふる。

048 マヨ入りねぎみそとしいたけの相性抜群
しいたけのねぎみそ焼き

材料（2人分）

しいたけ … 6枚

A
- 長ねぎ（みじん切り）
　… 6cm分
- みそ、マヨネーズ
　… 各大さじ1½

作り方

1. しいたけは軸を除く。
2. Aを合わせ、1のかさの内側に詰める。
3. オーブントースターの天板にアルミホイルを敷き、2を並べ、5分ほど焼く。

MEMO

焼き上がりに白いりごま、七味唐辛子をふるのもおすすめ。

きのこ

049 しいたけはこんがり焼いて香ばしく
焼きしいたけの
ごまあえ

材料（2人分）

しいたけ … 7～8枚

A
白すりごま … 大さじ1
だし汁（または水）… 大さじ½
しょうゆ … 小さじ½
塩 … 少量

作り方

1 しいたけは軸を除く。

2 オーブントースターの天板にアルミホイル
を敷き、1を並べ、5分ほど焼く。粗熱
が取れたら、8mm幅に切る。

3 ボウルに2を入れ、Aを加えてあえる。

050 シンプルな味つけでもうまみたっぷり
しめじとベーコンの
ソテー

材料（2人分）

しめじ … 1パック
ベーコン … 2枚
バター … 5g
塩、こしょう … 各少量

作り方

1 しめじは食べやすくほぐす。ベーコンは
1.5cm幅に切る。

2 フライパンにバターを中火で熱し、1を炒
める。しめじに焼き色がついたら塩、こ
しょうをふる。

051 ワインやビールのおともにどうぞ

エリンギのチーズ焼き

材料（2人分）

エリンギ … 2～3本
塩、粗びき黒こしょう … 各少量
オリーブ油 … 大さじ½
ピザ用チーズ … 30g

作り方

1. エリンギは縦に4～6等分にさく。

2. オーブントースターの天板にアルミホイルを敷き、1を並べ、塩、オリーブ油をかける。チーズをのせる。

3. オーブントースターで7分ほど焼き、粗びき黒こしょうをふる。

うまみが溶け出たオイルはバゲットにつけても

052 **マッシュルームとたこのアヒージョ**

材料（2人分）

マッシュルーム … 6個
ゆでだこ … 80g

A
| オリーブ油 … カップ⅓〜½
| にんにく（みじん切り）… 1かけ分
| 塩 … 小さじ¼
| 粗びき黒こしょう … 少量

作り方

1 マッシュルームは大きければ半分に切る。たこは食べやすい大きさに切り、水けをしっかりとふく。

2 小鍋にAを入れて弱火で熱し、マッシュルームを加えて4〜5分煮る。しんなりしたらたこを加え、さらに3分ほど煮る。

MEMO

にんにくがこげないように火加減に注意。

キャベツ

胃腸の調子を整えるビタミンＵたっぷり。
生はシャキッと食感よく、加熱すれば甘みが引き出せます。

053 アンチョビがキャベツの甘みを引き出します
キャベツのアンチョビ炒め

材料（2人分）
キャベツ … ⅕個（150g）
アンチョビ（フィレ）… 2枚
おろしにんにく … 小さじ⅓
オリーブ油 … 大さじ½

作り方
1 キャベツはざく切りにする。アンチョビは粗く刻む。
2 フライパンにオリーブ油を強めの中火で熱し、1、にんにくを入れてさっと炒め合わせる。

MEMO
アンチョビはアンチョビペーストを使っても。

食感もよく、食べごたえのあるシンプルサラダ

054 **キャベツとくるみ、チーズのサラダ**

材料（2人分）

キャベツ … ⅙個（150g）

くるみ … 25g

プロセスチーズ（カットタイプ）
　… 3枚（25g）

塩 … 少量

A
酢 … 大さじ1
砂糖 … 小さじ⅓
塩、こしょう … 各少量
練りがらし … 小さじ¼
サラダ油 … 大さじ1½

作り方

1　キャベツは細切りにして塩をまぶし、5分
ほどおいて水けを軽くしぼる。くるみは粗
く刻む。チーズは8mm四方に切る。

2　ボウルにAを順に入れて混ぜ、1を加えて
あえる。

MEMO

キャベツはさっとゆでるとよりや
わらかく甘みが出る。

お好み焼きとオムレツのいいとこ取り

055 **キャベツのお好み焼き風オムレツ**

材料 (2人分)

キャベツ … 1/8個 (100g)

A
溶き卵 … 3個分
紅しょうが … 大さじ1
牛乳 … 大さじ1
塩、こしょう … 各少量

サラダ油 … 大さじ1/2

中濃ソース、マヨネーズ、
　青のり、削り節 … 各適量

作り方

1　キャベツはせん切りにする。

2　ボウルにAを合わせ、1を加えて混ぜる。

3　フライパンにサラダ油を中火で熱し、2を入れて大きく混ぜる。半熟になったら折りたたみ、両面を焼く。器に盛り、ソース、マヨネーズ、青のり、削り節をかける。

056 レンジ加熱で甘みを引き出します
キャベツのナムル

材料（2人分）

キャベツ … ⅛個（150g）

A
ごま油 … 大さじ1
白いりごま … 小さじ1
おろしにんにく … 小さじ½
塩、こしょう … 各少量

作り方

1 キャベツはざく切りにし、耐熱ボウルに入れてふんわりとラップをかけ、電子レンジで1分40秒～2分、しんなりするまで加熱する。粗熱を取り、水けを軽くしぼる。

2 Aを加えてあえる。

057 桜えびの風味と香りで味わい豊か
キャベツと桜えびの
ポン酢あえ

材料（2人分）

キャベツ … ⅛個（150g）
桜えび … 5g
ポン酢しょうゆ … 大さじ1½

作り方

1 キャベツはせん切りにし、耐熱ボウルに入れてふんわりとラップをかけ、電子レンジで1分40秒～2分加熱する。粗熱を取り、水けを軽くしぼる。

2 桜えび、ポン酢しょうゆを加えてあえる。

058 たれには蒸し汁も加えて風味豊かに

キャベツとささ身のねぎ塩だれ

材料（2人分）

キャベツ … ⅛個（150g）

鶏ささ身 … 1本

A ┃ 酒 … 大さじ1½
 ┃ 塩、こしょう … 各少量

B ┃ 長ねぎ（みじん切り） … 5cm分
 ┃ ごま油 … 大さじ1
 ┃ ささ身の蒸し汁 … 大さじ1
 ┃ 鶏ガラスープの素 … 小さじ½
 ┃ 塩、おろしにんにく … 各少量

作り方

1 キャベツはざく切りにして、耐熱皿に広げ、ささ身をのせ、Aをふる。ふんわりとラップをかけ、電子レンジで2～3分加熱する。ささ身を裏返してさらに2～3分加熱し、粗熱が取れたらささ身を軽くほぐす。

2 器にキャベツを盛り、ささ身をのせ、合わせたBをかける。

059 ほどよい酸味が体にじんわりしみる
ザワークラウト風キャベツとウインナーのスープ煮

材料（2人分）

キャベツ … ⅙個（150g）
粗びきウインナー … 4本

A
| 水 … カップ1〜1⅓
| 酢 … 小さじ2
| 固形コンソメ … 1個
| 塩 … 少量

粗びき黒こしょう、粒マスタード
　… 各適量

作り方

1 キャベツは細切りにする。

2 鍋にA、1、ウインナーを入れ、ふたをして煮立て、弱火で10分ほど煮る。器に盛り、粗びき黒こしょうをふり、粒マスタードを添える。

060 チーズがとろりとした揚げたてをどうぞ

塩もみキャベツとチーズのカレー風味春巻き

材料（2人分）

キャベツ … ⅛個（150g）
スライスチーズ … 2枚
カレー粉 … 小さじ½
塩 … ひとつまみ
焼きのり … 全形1枚
春巻きの皮 … 4枚
小麦粉、サラダ油 … 各適量

作り方

1. キャベツはせん切りにして塩をまぶし、5分ほどおく。水けをしぼり、カレー粉をふって混ぜる。スライスチーズは半分に切る。のりは4等分に切る。

2. 春巻きの皮にのり、キャベツ、チーズの順に等分にのせて包む。巻き終わりに同量の水で溶いた小麦粉を塗ってとめる。

3. フライパンに多めのサラダ油を中火で熱し、2を入れ、弱火にして両面がこんがりするまで揚げ焼きにする。

MEMO

好みでトマトケチャップやマヨネーズ、レモンを添えて。

061 味つけはソースひとつで完了
キャベツの
ソース炒め

材料（2人分）

キャベツ … ⅙個（150g）
サラダ油 … 大さじ½
中濃ソース … 大さじ1½

作り方

1 キャベツはざく切りにする。

2 フライパンにサラダ油を強めの中火で熱
し、1をしんなりするまで炒める。ソース
で調味する。

MEMO

削り節をふるとお好み焼き風の
テイストに。

062 キャベツの甘みが際立つ箸休め
キャベツの浅漬け

材料（2人分）

キャベツ … ⅙個（150g）

A｜塩、和風だしの素 … 各小さじ¼
　｜赤唐辛子（小口切り）… ひとつまみ

作り方

1 キャベツはざく切りにし、Aとともにポリ
袋に入れ、軽くもむ。

2 口をしっかりと閉じ、冷蔵庫で20分以上
おく。

MEMO

にんじんの細切り、きゅうりの
輪切りを加えてもおいしい。

きゅうり

体内の余分な塩分の排出を助けるカリウムが豊富。
体の熱を取る作用があり、熱中症対策にも。

063 レモン汁を加えてすっきりした味わいに

きゅうりとゆで卵のサラダ

材料（2人分）

きゅうり … 1本
ゆで卵 … 1個
塩 … 少量

A
マヨネーズ … 大さじ2
プレーンヨーグルト（無糖）
　… 大さじ1
レモン汁 … 大さじ½
塩、こしょう
　… 各少量

作り方

1 きゅうりは薄い輪切りにして塩をまぶし、
　3分ほどおいて水けをしぼる。ゆで卵は
　粗く刻む。

2 ボウルに1を入れ、Aを加えてあえる。

MEMO

ゆで卵は冷蔵庫から出したての
卵を沸騰した湯に静かに入れ、
12分ほどゆでて冷水にとる。

洋風おかずのつけ合わせに。作りおきにも

064

きゅうりのピクルス

材料 (作りやすい分量)

きゅうり … 2本
塩 … 少量

A
| 酢 … カップ½
| 水 … カップ¼
| 砂糖 … 大さじ3
| 塩 … 小さじ1
| 赤唐辛子 (種を除いてちぎる)
| … ½本分
| ローリエ … 2枚
| 黒粒こしょう … 8粒

作り方

1 きゅうりは縞目に皮をむき、長さを半分に切る。塩をすり込む。

2 鍋にAを入れてひと煮立ちさせ、粗熱を取る。

3 ファスナー付き保存袋に1、2を入れ、空気を抜いて口を閉じ、冷蔵庫で2時間以上おく。

※冷蔵庫で4日間ほど保存可能

MEMO

きゅうりはひと口大に切って漬けても。

ゆずこしょうの香りと辛みが食欲をそそる

きゅうりとかにかまのゆずこしょうマヨサラダ

材料（2人分）

きゅうり … 1本
かに風味かまぼこ … 2本
塩 … 少量
A｜マヨネーズ … 大さじ1
　｜ゆずこしょう … 少量

作り方

 きゅうりはせん切りにして塩をまぶし、2〜3分
おいて水けをしぼる。かにかまはほぐす。

2 ボウルに1を入れ、Aを加えてあえる。

MEMO

ゆずこしょうの代わりにレモン
のいちょう切りを混ぜても。

066 食感のいいサラダ感覚のお漬けもの
きゅうりの塩麹漬け

材料（2人分）

きゅうり … 2本
塩麹 … 大さじ1½

作り方

1 きゅうりは長さを3～4等分に切り、4つ
　割りにする。

2 ポリ袋に1、塩麹を入れて軽くもみ、空
　気を抜いて口を閉じ、冷蔵庫で20分以
　上おく。汁けを軽くきって器に盛る。

MEMO

おろししょうが少量を加えて漬
けてもおいしい。

067 たたいて割ることで味がよくしみます
たたききゅうりの
塩昆布あえ

材料（2人分）

きゅうり … 2本
A │ 塩昆布 … 3g
　│ ごま油 … 小さじ1
　│ 鶏ガラスープの素 … 少量

作り方

1 ポリ袋にきゅうりを入れ、めん棒などでた
　たいてひと口大に割る。

2 Aを加えてなじませる。

辛さは好みで調節を。ごまをふってもおいしい

きゅうりの豆板醤炒め

材料（2人分）

きゅうり … 2本
ごま油 … 大さじ½
A｜しょうゆ … 小さじ1
　｜豆板醤、砂糖 … 各小さじ½
焼きのり … 適量

作り方

1. きゅうりは乱切りにする。

2. フライパンにごま油を中火で熱し、1を1〜2分炒め、合わせたAを加えて手早くからめる。器に盛り、のりをちぎってちらす。

069 きゅうりとわかめの酢のもの

やっぱりおいしい定番の組み合わせ

材料（2人分）

きゅうり … 1本
カットわかめ（乾）… 3g
塩 … 少量
A｜酢 … 大さじ1
　｜砂糖 … 小さじ2
　｜しょうゆ … 小さじ⅔

作り方

1 きゅうりは2mm幅の輪切りにし、塩をまぶして3分ほどおき、さっと水洗いして水けをしぼる。わかめはぬるま湯につけてもどし、水けをしぼる。

2 ボウルに1を入れ、合わせたAを加えてあえる。

070 きゅうりのめかぶあえ

独特のとろみと磯の香りをからめて

材料（2人分）

きゅうり … 1本
めかぶ … 1パック
塩 … 少量
めんつゆ（2倍濃縮）… 小さじ2

作り方

1 きゅうりは薄い輪切りにして塩をまぶし、2〜3分おいて水けをしぼる。

2 ボウルに1を入れ、めかぶと合わせ、めんつゆを加えてあえる。

MEMO

めんつゆの代わりに、めかぶに添付のたれを使っても。

ゴーヤー

ビタミンCが豊富。苦み成分は食欲増進にも。
さっと湯通しすれば、苦みがよりやわらぎます。

---

071 ゴーヤーとカレー味は相性抜群
ゴーヤーとひき肉のカレー風味炒め

材料（2人分）

ゴーヤー … ½本（125g）
豚ひき肉 … 50g
ごま油 … 小さじ1

A｜
水 … 大さじ1
しょうゆ、みりん … 各小さじ1
おろしにんにく、カレー粉 … 各小さじ⅓
塩、こしょう … 各少量

作り方

1 ゴーヤーは5mm幅の半月切りにする。塩
　少量（分量外）をまぶして軽くもみ、さっ
　と水洗いして水けをきる。

2 フライパンにごま油を中火で熱し、ひき
　肉を色が変わるまで炒める。1を加えて
　3分ほど炒め、Aで調味する。

072 プチプチの黒ごまがアクセントに
ゴーヤーとちくわの梅しそごまあえ

材料（2人分）

ゴーヤー … ½本（125g）
ちくわ … ½本

A
| 梅干し … 1個
| 青じそ … 2枚
| 黒いりごま … 小さじ1
| しょうゆ … 小さじ½

作り方

1 ゴーヤーは3mm幅の半月切りにし、塩少量（分量外）をまぶして軽くもむ。鍋に湯を沸かし、10秒ほどゆでて冷水にとり、水けを軽くしぼる。ちくわは5mm幅に切る。

2 Aの梅干しは種を除いて細かく刻む。青じそは1cm四方に切る。

3 ボウルに1、2を入れ、残りのAを加えてあえる。

073 桜えびのうまみで苦みがやわらぐ

ゴーヤーと桜えびのナムル

材料（2人分）

ゴーヤー … ½本（125g）
桜えび … 3g

A {
ごま油 … 大さじ½
おろしにんにく、
鶏ガラスープの素
… 各小さじ⅓
塩、こしょう … 各少量
}

作り方

1 ゴーヤーは3mm幅の半月切りにする。塩少量（分量外）をまぶして軽くもみ、5分ほどおいてからさっと水洗いし、水けを軽くしぼる。

2 ボウルに1、桜えびを入れ、Aを加えてあえる。

夏にぴったりのほろ苦サラダ

ゴーヤーと玉ねぎのエスニックサラダ

材料（2人分）

ゴーヤー … ½本（125g）
玉ねぎ … ⅙個

A
サラダ油 … 大さじ1
レモン汁 … 小さじ1
ナンプラー … 小さじ1弱
赤唐辛子（小口切り）
　… ひとつまみ

アーモンド … 6粒
レモン（くし形切り）… 1切れ

作り方

1 ゴーヤーは3mm幅の半月切りにする。塩少量（分量外）をまぶして軽くもみ、5分ほどおいてからさっと水洗いし、水けを軽くしぼる。玉ねぎは縦薄切りにして水に5分ほどさらして水けをしぼる。アーモンドは粗く刻む。

2 ボウルにゴーヤーと玉ねぎを入れ、Aを加えてあえる。器に盛り、アーモンドをちらし、レモンを添える。

075 苦みと辛みで体がシャキッ
ゴーヤーと魚肉ソーセージのキムチ炒め

材料（2人分）

ゴーヤー … ½本（125g）
魚肉ソーセージ … 1本
白菜キムチ … 35g
ごま油 … 大さじ½
A｜ 酒 … 大さじ½
　｜ オイスターソース … 小さじ1

作り方

1 ゴーヤーは5mm幅の半月切りにし、塩少量（分量外）をまぶして軽くもみ、さっと水洗いして水けをきる。魚肉ソーセージは縦半分に切ってから5mm幅の斜め切りにする。キムチは大きければ食べやすく切る。

2 フライパンにごま油を中火で熱し、ゴーヤーを4分ほど炒める。

3 キムチ、魚肉ソーセージ、Aを加えて炒め合わせる。

くたっと煮えたゴーヤーも美味
076 **ゴーヤーのしょうが煮**

材料（2人分）

ゴーヤー … ½本（125g）

A
だし汁 … カップ⅔
しょうゆ、みりん
… 各大さじ½
砂糖 … 小さじ½
しょうが（せん切り）
… ¼かけ分

削り節 … 適量

作り方

1. ゴーヤーは先端を切り落とし、種とワタをくりぬく。5mm幅の輪切りにし、塩少量（分量外）をまぶして軽くもむ。さっと水洗いして、水けをきる。

2. 鍋にA、1を入れて煮立て、ふたをして弱めの中火で5分ほど煮る。器に盛り、削り節をふる。

ごぼう

腸内環境を整える食物繊維がたっぷり。
皮はたわしでこするか、包丁の背でこそげて。

ごぼう料理の定番。甘辛味でごはんが進む

077

きんぴらごぼう

材料（作りやすい分量）

ごぼう … 小½本（100g）
白いりごま … 小さじ1
サラダ油 … 大さじ½
A｜しょうゆ、砂糖
　　… 各大さじ1

作り方

1. ごぼうは細切りにし、水にさっとさらして水けをきる。

2. フライパンにサラダ油を中火で熱し、1を2〜3分炒める。白ごま、Aを加えてさらに2分ほど炒める。

MEMO

ごぼうはささがきでもOK。にんじんを加えてもおいしい。

76

うどんやそばにのせるのもおすすめ
ごぼうのかき揚げ

材料（作りやすい分量）

ごぼう … ⅓本（80g）

A
マヨネーズ … 大さじ1
冷水 … 大さじ4～4½
小麦粉 … カップ½

サラダ油 … 適量

レモン（くし形切り）、塩
… 各適量

作り方

1 ごぼうは斜め薄切りにして水にさっとさらし、水けをキッチンペーパーでふく。

2 ボウルにAを順に入れてさっくりと混ぜる。1を加えて軽く混ぜる。

3 フライパンに多めのサラダ油を弱めの中火で熱し、スプーンで2を4～6等分して平たく落とし入れる。上下を返しながら4～5分揚げ焼きにする。器に盛り、レモンと塩を添える。

MEMO

天つゆ、大根おろしで食べてもおいしい。

079 片栗粉をまぶして炒めると味がよくからむ

ごぼうと鶏ひき肉のしょうがじょうゆ炒め

材料（2人分）

ごぼう … ½本（120g）
鶏ひき肉 … 50g
片栗粉 … 適量
サラダ油 … 大さじ1½
A│ しょうゆ、砂糖 … 各小さじ2
　│ おろししょうが … 小さじ1

作り方

1 ごぼうは斜め切りにして水にさっとさらし、水けをしっかりきる。片栗粉を薄くまぶす。

2 フライパンにサラダ油を弱めの中火で熱し、1を5分ほど炒める。ひき肉を加えて炒め合わせ、さらに3分ほど炒める。

3 余分な油をキッチンペーパーで取り、合わせたAを加えてからめる。

080 ごぼうの風味とナンプラーが好相性

ごぼうとハムの
エスニックサラダ

材料（2人分）

ごぼう
　… ⅓本（80g）
玉ねぎ … ¼個
ハム … 1枚

A
サラダ油 … 大さじ1
ナンプラー
　… 大さじ½
レモン汁
　… 小さじ½

作り方

1　ごぼうはせん切りにして水にさっとさらし、水けをきる。玉ねぎは縦薄切りにする。ハムは半分に切って細切りにする。

2　鍋にごぼうを入れ、たっぷりの水を注いで煮立て、3～4分ゆでてざるにあげる。続いて玉ねぎを5秒ほどゆで、冷水にとって水けをしぼる。

3　ボウルに2、ハムを入れ、Aを加えてあえる。

081 やわらかくゆでて、やさしい歯ざわりに

たたきごぼうのごまあえ

材料（2人分）

ごぼう … 小½本（100g）

A
白すりごま … 大さじ1
砂糖 … 大さじ½
しょうゆ、酢 … 各小さじ1

作り方

1　ごぼうは6cm長さに切り、太いものは縦半分～4等分に切る。水にさっとさらして水けをきる。

2　鍋に1を入れ、たっぷりの水を注いで煮立てる。竹串がすっと通るまで、12分ほどゆでてざるにあげる。

3　熱いうちに、めん棒で軽くたたいてボウルに入れ、合わせたAを加えてあえる。

082 手軽なさば缶を使った具だくさんみそ汁
ごぼうとさば缶のみそ汁

材料（2人分）

ごぼう … 小¼本（50g）
さば水煮缶 … ½缶（100g）
A｜だし汁 … カップ2弱
　｜おろししょうが … 小さじ½
みそ … 大さじ1⅓
細ねぎ（小口切り）、
　　七味唐辛子 … 各適量

作り方

1 ごぼうはピーラーで薄く削り、水にさっとさらして水けをきる。

2 鍋にAと1を入れ、ふたをして煮立て、弱火で4分ほど煮る。

3 さば缶の缶汁をきり、身を軽くほぐして2に加え、ひと煮立ちさせる。みそを溶き入れて器に盛り、細ねぎ、七味唐辛子をふる。

083 青じその香りをアクセントに
ごぼうの明太マヨサラダ

材料（2人分）

ごぼう … 小½本（100g）

A | 明太子 … 15g
A | マヨネーズ … 大さじ1½
A | 塩 … 少量

青じそ … 1枚

作り方

1 ごぼうはせん切りにして水にさっとさらし、水けをきる。Aの明太子は薄皮を除いてほぐす。

2 鍋にごぼうを入れ、たっぷりの水を注いで煮立て、4分ほどゆでてざるにあげる。

3 ボウルにAを合わせ、2を加えてあえる。器に盛り、青じそをちぎってちらす。

084 クミンの個性的な香りがくせになる
ごぼうのクミン炒め

材料（2人分）

ごぼう … 小½本（100g）

オリーブ油 … 大さじ½

A | クミンパウダー … 小さじ¼
A | 塩 … 少量

作り方

1 ごぼうは斜め薄切りにし、水にさっとさらして水けをきる。

2 フライパンにオリーブ油を中火で熱し、1を4分ほど炒める。

3 Aで調味し、器に盛り、オリーブ油適量（分量外）を回しかける。

Japanese mustard spinach

小松菜

β-カロテンや鉄、カルシウムなど栄養素が豊富。
アクが少なく使い勝手がよい青菜のひとつ。

085 油揚げとの組み合わせはテッパン

小松菜の煮びたし

材料（2人分）

小松菜 … 小1束（150g）
油揚げ … ½枚
A | だし汁 … カップ¾
しょうゆ、みりん
… 各大さじ½
砂糖 … 小さじ½

作り方

1 小松菜は5cm長さに切って葉と茎に分ける。油揚げは熱湯を回しかけ、半分に切ってから1cm幅に切る。

2 鍋にAを煮立て、油揚げ、小松菜の茎を入れる。再び煮立ったら葉を加え、中火で30秒ほど煮る。

086 　ふりかけ風にごはんにのせてどうぞ
小松菜のおかかじゃこ炒め

材料 (2人分)

小松菜 … 小1束 (150g)
ちりめんじゃこ … 大さじ3
ごま油 … 大さじ½
A ｜ 白いりごま … 小さじ2
　｜ 削り節 … 2g
　｜ しょうゆ … 小さじ⅔

作り方

1. 小松菜は1cm長さに切る。

2. フライパンにごま油を中火で熱し、小松菜の茎、じゃこ、葉の順に加えてそのつどさっと炒める。

3. Aを加えて炒め合わせる。

MEMO

大根の葉やかぶの葉で同様に
作ってもおいしい。

栄養バランスもよいひと皿

087 **小松菜の卵とじ**

材料（2人分）

小松菜 … ½束（100g）
卵 … 2個

A｜めんつゆ（2倍濃縮）、
　｜水 … 各カップ¼

作り方

1 小松菜は4㎝長さに切る。

2 フライパンにAを煮立て、小松菜を入れてしん
なりするまで中火で煮る。

3 溶きほぐした卵を回し入れ、ふたをして好みの
加減に火を通す。

088 手早く炒めて食感よく仕上げて
小松菜とベーコンのガーリックソテー

材料（2人分）

小松菜 … 小1束（150g）
ベーコン … 1枚
にんにく（薄切り）… 1かけ分
オリーブ油 … 大さじ½
塩、粗びき黒こしょう … 各少量

作り方

1. 小松菜は5cm長さに切って葉と茎に分ける。ベーコンは1.5cm幅に切る。

2. フライパンにオリーブ油を中火で熱し、ベーコン、小松菜の茎、にんにくを入れて30秒ほど炒める。葉を加えてさっと炒め合わせ、塩、粗びき黒こしょうで調味する。

MEMO

オリーブ油の代わりにごま油で
炒めると中華風に。

089 ワインによく合うサラダ感覚のあえもの
小松菜とたこのオイルあえ

材料（2人分）

小松菜 … ½束（100g）
ゆでだこ … 80g

A
オリーブ油 … 大さじ1
レモン汁 … 小さじ1
塩、粗びき黒こしょう
… 各少量

作り方

1 鍋に湯を沸かし、小松菜を根元から入れ、1分ほどゆでて冷水にとる。水けをしぼり、3cm長さに切る。たこはそぎ切りにする。

2 ボウルに1を入れ、Aを加えてあえる。

かまぼこのうまみが酸味をマイルドに

090 **小松菜とかまぼこの梅あえ**

材料（2人分）

小松菜 … ½束（100g）
かまぼこ … 3〜4cm
A｜ 梅干し（塩分約7%）… 1個
　｜ しょうゆ … 小さじ½
　｜ 砂糖 … ひとつまみ

作り方

1 鍋に湯を沸かし、小松菜を根元から入れ、1分ほどゆでて冷水にとる。水けをしぼり、3cm長さに切る。かまぼこは薄切りにし、さらに半分に切る。

2 Aの梅干しは種を除き、包丁で細かくたたいて他のAと合わせる。

3 ボウルに1を入れ、2を加えてあえる。

091 しょうゆの代わりにナンプラー。新鮮な味わい
小松菜のナンプラー炒め

材料（2人分）

小松菜 … 小1束（150g）
にんにく（みじん切り）… ½かけ分
サラダ油 … 大さじ½
ナンプラー … 大さじ½
レモン（くし形切り）… 1～2切れ

作り方

1 小松菜は5cm長さに切る。

2 フライパンにサラダ油を中火で熱し、1、
　にんにくをさっと炒める。ナンプラーで
　調味し、器に盛り、レモンを添える。

（092）桜えびの風味がアクセントに
小松菜と桜えびの中華風豆乳スープ

材料（2人分）

小松菜 … ½束（100g）
桜えび … 5g

A｜水 … カップ1
　｜鶏ガラスープの素 … 小さじ1

B｜豆乳（無調整）… カップ¾
　｜オイスターソース … 大さじ½
　｜おろししょうが … 小さじ½
　｜こしょう … 少量

ラー油 … 適量

作り方

1 小松菜は4cm長さに切る。

2 鍋にAを煮立て、1、桜えびを加える。再び煮立ったらBを加えて中火で温める。器に盛り、ラー油をふる。

MEMO

ラー油の量はお好みで。

Sweet potato

さつまいも

食物繊維やオリゴ糖が豊富。
腸内環境を整え、免疫力アップに。

 093

レモンは仕上げに加え、苦みを抑えて

さつまいものレモン煮

材料（2人分）

さつまいも … ½本（170g）
レモンの輪切り … 2枚

A
砂糖 … 大さじ3
塩 … 小さじ¼
しょうゆ … 小さじ¼

作り方

1 さつまいもは皮つきのまま1cm幅の輪切りにし、水に1分ほどさらして水けをきる。

2 鍋に1、かぶるくらいの水（約カップ1）、Aを入れて煮立てる。ふたをして弱火にし、10分ほど煮る。

3 レモンを加えてすぐ火を止め、そのまま冷ます。

MEMO
半月切りにすると煮くずれの原因に。大きい場合は輪切りのまま煮て、食べるときに切って。

テッパンの組み合わせ。マヨ味でシンプルに

094

さつまいもとレーズンのサラダ

材料 (2人分)

さつまいも … ½本 (170g)
レーズン … 大さじ1½
玉ねぎ … ⅛個
A | マヨネーズ … 大さじ2½
  | 塩、こしょう … 各少量

作り方

1 さつまいもは皮つきのまま1cm幅の輪切りにし、半量は皮をむく。それぞれいちょう切りにする。玉ねぎは縦薄切りにする。

2 鍋にさつまいもとたっぷりの水を入れて煮立て、中火で8分ほどゆでてざるにあげる。同じ湯で玉ねぎを5秒ほどゆでて水にとり、水けをしぼる。

3 ボウルに2とレーズンを入れ、Aを加えてあえる。

MEMO

玉ねぎは辛みが少なければ水にさらすだけでもOK。

ほんのりと磯の香り。やさしい味わい

095 さつまいもとひじき、さつま揚げの煮もの

材料（2人分）

さつまいも … ½本（170g）
芽ひじき（乾）… 5g
さつま揚げ … 1枚（50g）

A
だし汁 … カップ½
しょうゆ … 大さじ1½
酒、みりん、砂糖
… 各大さじ1

作り方

1 ひじきは水に15分ほどつけてもどし、水けを
きる。さつまいもは皮つきのまま乱切りにし、
水にさっとさらして水けをきる。さつま揚げは
食べやすく切る。

2 鍋に1、Aを入れて煮立て、ふたをして弱火で
10分ほど煮る。

92

096 ほんのりシナモンの香りが絶妙
さつまいもの
大学いも風

材料（2人分）

さつまいも … ½本（170g）
サラダ油 … 適量
A 砂糖 … 大さじ1½
　しょうゆ、水 … 各小さじ½
シナモンパウダー … 少量

作り方

1 さつまいもは皮つきのまま太さ1cm×長さ6cmほどの棒状に切り、水に1分ほどさらして水けをふく。

2 フライパンに多めのサラダ油を中火で熱し、1を3〜4分、揚げ焼きにする。

3 小さめのフライパンにAを入れて中火にかけ、ゆすりながら砂糖を溶かす。煮立ったら2を加えてからめる。シナモンパウダーをふる。

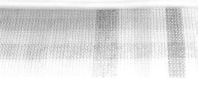

097 ほどよい塩味と香りをまとわせて
さつまいもの
赤じそあえ

材料（2人分）

さつまいも … ½本（170g）
赤じそふりかけ … 小さじ½

作り方

1 さつまいもは皮をむき、1cm幅のいちょう切りにする。

2 鍋に1とたっぷりの水を入れて煮立て、中火で8分ほどゆでてざるにあげる。

3 ボウルに入れ、赤じそふりかけをふってあえる。

里いも

体内の余分な塩分の排出を助けるカリウムが豊富。
保存は泥つきのまま冷暗所で。

梅干しの風味を加えた和風味

(098) 里いもとツナの梅マヨサラダ

材料（2人分）

里いも … 3個（300g）
ツナ缶（軽く油をきる）
　… ½缶（35g）
A　マヨネーズ … 大さじ1
　梅干し … 1個

作り方

1 里いもは洗った水けがついたまま1個ずつラップで包み、電子レンジで4分ほど加熱し、上下を返してさらに4分ほど加熱する。皮をむき、フォークでざっと6〜8等分に割る。

2 Aの梅干しは種を除いて粗くつぶし、マヨネーズと混ぜる。

3 ボウルに1、ツナを入れ、2を加えてあえる。

一度冷ますと味がしみます

099
里いもとこんにゃくの煮っころがし

材料（2人分）

里いも … 3個（300g）
こんにゃく（アク抜き済みのもの）
　… 50g
ごま油 … 小さじ1

A
だし汁 … カップ¾
しょうゆ … 大さじ1⅓
みりん、酒、砂糖
　… 各大さじ1

作り方

1 里いもは半分〜4等分に切る。塩少量
（分量外）をふってもみ、水洗いしてぬめ
りをとる。こんにゃくはスプーンでひと
口大にちぎる。

2 鍋にごま油と1を入れて中火にかけ、1
分ほど炒める。

3 油がなじんだらAを加えて煮立て、落と
しぶたとふたをして弱火にし、15分ほ
ど煮る。そのまま冷ます。

里いもならではのなめらかな舌ざわり

100 里いもとハムのグラタン風

材料（2人分）

里いも … 3〜4個（350g）
玉ねぎ … ⅙個
ハム … 2枚
A 牛乳 … 大さじ3〜4
　 塩、こしょう … 各少量
ピザ用チーズ … 60g

作り方

1 里いもは洗った水けがついたまま1個ずつラップで包み、電子レンジで4分ほど加熱し、上下を返してさらに4分ほど加熱する。皮をむき、フォークで粗くつぶす。ハムは半分に切ってから1cm幅に切る。玉ねぎは縦薄切りにしてふんわりとラップで包み、電子レンジで1分ほど加熱する。

2 ボウルに1を入れ、Aを加えて混ぜる（牛乳は様子を見ながら少しずつ加える）。

3 耐熱の器にオリーブ油少量（分量外）を塗り、2を入れ、チーズをかける。オーブントースターで7分ほど焼く。

オイスターソースのコクがあとを引く

101

里いもとソーセージのオイスター炒め

材料（2人分）

里いも … 3個（300g）
魚肉ソーセージ … 1本
ごま油 … 大さじ1
A 酒、オイスターソース … 各大さじ1
おろししょうが … 小さじ½

作り方

1 里いもは4mm幅の半月切りにする。魚肉ソーセージは4mm幅の斜め切りにする。

2 フライパンにごま油を弱火で熱し、里いもを並べ、ふたをして8分ほど、ときどき返しながら焼く。魚肉ソーセージを加え、2分ほど炒め合わせる。Aで調味する。

102 小腹がすいたときにもおすすめ
里いものぺったんこ焼き

材料（2人分）

里いも … 3個（300g）
長ねぎ（みじん切り）… 5cm分
桜えび … 3g
片栗粉 … 大さじ½
塩 … 少量
サラダ油 … 大さじ½

A ┃ 酒 … 大さじ1
┃ しょうゆ … 大さじ½
┃ 砂糖 … 小さじ½

作り方

1 里いもは洗った水けがついたまま1個ずつラップで包み、電子レンジで4分ほど加熱し、上下を返してさらに4分ほど加熱する。

2 熱いうちに皮をむき、ボウルに入れてつぶし、長ねぎ、桜えび、片栗粉、塩を加えて混ぜる。4等分して平たい円形にまとめる。

3 フライパンにサラダ油を中火で熱して2を並べ、両面にこんがり焼き色がつくまで焼く。合わせたAを加えてからめる。

ほんのり上品な甘さの煮もの

103 里いもの白煮

材料（2人分）

里いも … 3〜4個（350g）

A
| だし汁 … カップ1½
| みりん、酒 … 各大さじ1
| 砂糖 … 小さじ2
| しょうゆ … 小さじ½
| 塩 … 小さじ⅓

作り方

1 里いもは半分〜4等分に切る。塩少量（分量外）をふってもみ、水洗いしてぬめりをとる。

2 鍋にA、1を入れて煮立て、落としぶたとふたをして弱火にし、ときどき上下を返しながら18分ほど煮る。そのまま冷ます。

ごまの香ばしさが口いっぱいに広がる

104 里いものごまみそあえ

材料（2人分）

里いも … 3個（300g）

A
| 白すりごま … 大さじ1
| 水 … 大さじ½
| みそ … 小さじ1
| 砂糖、しょうゆ … 各小さじ½

作り方

1 里いもは洗った水けがついたまま1個ずつラップで包み、電子レンジで4分ほど加熱し、上下を返してさらに4分ほど加熱する。皮をむき、8等分に切る。

2 ボウルにAを合わせ、1を加えてあえる。

Green beans

さやいんげん

β‐カロテンやビタミンC、Eなど
抗酸化作用の強い成分を多く含む。

105 シンプルなしょうゆ味でいんげんの風味を堪能
さやいんげんのしょうゆ煮

材料（2人分）

さやいんげん … 10本

A
だし汁 … カップ⅓
しょうゆ … 大さじ½
みりん … 小さじ1

作り方

1 いんげんは半分に切る。

2 鍋にAを入れて煮立て、1を入れ、中火で
6分ほど煮る。

MEMO

削り節をふっても。

106 プチプチ食感が楽しいたらこを合わせて

さやいんげんのたらこ炒め

材料（2人分）

さやいんげん … 10本
たらこ … 20g
サラダ油 … 小さじ1
A 酒 … 大さじ½
　 しょうゆ … 小さじ¼

作り方

1 いんげんは4cm長さの斜め切りにする。たらこは薄皮を除く。

2 フライパンにサラダ油を弱火で熱し、いんげんを入れてふたをし、ときどき混ぜながら6分ほど炒める。

3 たらこ、Aを加えてさっと炒め合わせる。

107 粒マスタードの軽い酸味でさっぱり味
さやいんげんの粒マスタードあえ

材料（2人分）

さやいんげん … 10本

A {
粒マスタード … 大さじ½
しょうゆ … 小さじ½
砂糖 … 少量
}

作り方

1 鍋に湯を沸かして塩適量（分量外）を加え、いんげんを5分ほどゆでて冷水にとり、水けをきる。4〜5cm長さに切る。

2 ボウルに1を入れ、合わせたAを加えてあえる。

108
仕上げのしょうゆでごはんに合うひと皿に

さやいんげんのベーコン巻き焼き

材料(2人分)

さやいんげん … 12本
ベーコン … 3枚
オリーブ油 … 小さじ1
しょうゆ … 小さじ½

作り方

1. 鍋に湯を沸かして塩適量(分量外)を加え、いんげんを5分ほどゆでて冷水にとり、水けをきる。長さを半分に切る。ベーコンは半分に切る。

2. ベーコンでいんげんを等分に巻き、巻き終わりをようじで縫うようにとめる。

3. フライパンにオリーブ油を中火で熱し、2の巻き終わりを下にして入れる。転がしながら焼き、焼き色がついたらしょうゆで調味する。

バターじょうゆ味がたまらない

109 **さやいんげんとコーンのバター炒め**

材料（2人分）
さやいんげん … 10本
ホールコーン … 大さじ1½
バター … 8g

A｜しょうゆ … 小さじ1
　｜粗びき黒こしょう … 少量

作り方

1　いんげんは4㎝長さの斜め切りにする。

2　フライパンにバターを弱火で熱し、1とコーンを入れてふたをし、ときどき混ぜながら5分ほど炒める。Aで調味する。

赤じそふりかけがすっきり味の調味料に

110

さやいんげんの赤じそマヨあえ

材料（2人分）

さやいんげん … 10本

A | マヨネーズ … 大さじ1
  | 赤じそふりかけ … 小さじ¼

作り方

1 鍋に湯を沸かして塩適量（分量外）を加え、いんげんを5分ほどゆでて冷水にとり、水けをきる。4cm長さに切る。

2 ボウルに1を入れ、Aを加えてあえる。

じゃがいも

デンプンに包まれたじゃがいものビタミンCは
加熱してもこわれにくい。

大きめにくずしてほくほく感を楽しんで

111 じゃがいもとゆで卵のマスタードサラダ

材料（2人分）

じゃがいも … 2個（240g）
ゆで卵 … 2個
マヨネーズ … 大さじ1½
A 粒マスタード … 小さじ1
塩、こしょう … 各少量

作り方

1 じゃがいもは洗った水けがついたまま耐熱容器に
入れ、1cm深さの水を加え、ふんわりとラップをし
て、電子レンジで3分ほど、上下を返してさらに3
分ほど、竹串がすっと通るまで加熱する。

2 熱いうちに皮をむいてボウルに入れ、フォークで
ざっくりとくずす。

3 ゆで卵を半分に切り、Aとともに2に加えてあえる。

106

押しつけながらカリッと焼いて

(112) じゃがいものガレット

材料 (作りやすい分量)

じゃがいも … 3個 (360g)
塩 … 小さじ¼
こしょう … 少量
バター … 10g
トマトケチャップ … 適量

作り方

1. じゃがいもは皮をむいてピーラーなどで細いせん切りにし(水にさらさない)、塩、こしょうをまぶす。

2. 直径20cmほどのフライパンにバターを中火で熱し、1をさっと炒め、しんなりしたら、へらなどでギュウギュウ押しつけながら丸く形を整える。ふたをして弱火にし、5分ほど焼く。

3. 裏返して焼き色がつくまで焼く。器に盛り、トマトケチャップをかける。

MEMO

裏返すときは、オーブンシートをのせて皿をかぶせ、ひっくり返して取り出し、すべらせるようにフライパンに戻し入れる。

肉料理のつけ合わせにもぴったり

113 **マッシュポテト**

材料（2人分）

じゃがいも … 2個（240g）

A | 牛乳 … 大さじ2
  | バター … 10g
  | 塩 … 少量

作り方

1. じゃがいもは皮をむいて6等分に切る。鍋にたっぷりの湯を沸かし、竹串がすっと通るまで15分ほどゆでてざるにあげる。

2. 1が熱いうちにボウルに入れてつぶし、Aを加えて混ぜる。かたければさらに牛乳（分量外）を少しずつ加え、好みのかたさに調節する。

> **MEMO**
>
> ナツメグ少量を加えると本格的な味わいに。

北海道発！お酒が進むじゃがつまみ

じゃがいもの塩辛バターのせ

材料（2人分）

じゃがいも … 2個（240g）
バター … 10g
いかの塩辛（市販）… 大さじ1

作り方

1 じゃがいもは洗った水けがついたまま耐熱
  容器に入れ、1cm深さの水を加え、ふんわ
  りとラップをして、電子レンジで3分ほど、
  上下を返してさらに3分ほど、竹串がすっ
  と通るまで加熱する。

2 熱いうちに十字の切り込みを入れて、皮を
  少しむいて中心を開く。バターと塩辛をの
  せる。

混ぜすぎないのがほっくり仕上げるコツ

115 **タラモサラダ**

材料 (2人分)

じゃがいも … 2個 (240g)
玉ねぎ … ¼個
たらこ … 25g

A │ マヨネーズ … 大さじ1½
　│ 酢 … 小さじ½
　│ こしょう … 少量

作り方

1 じゃがいもは洗った水けがついたまま耐熱容器に入れ、1cm深さの水を加え、ふんわりとラップをして、電子レンジで3分ほど、上下を返してさらに3分ほど、竹串がすっと通るまで加熱する。熱いうちに皮をむいてボウルに入れ、粗くつぶす。

2 玉ねぎは縦薄切りにしてラップで包み、電子レンジで30秒ほど加熱して冷水にとり、水けをしぼる。たらこは薄皮を除く。

3 1に2、Aを加えてさっくりと混ぜる。

116 電子レンジでOK！韓国風ピリ辛煮
じゃがいものコチュジャン煮

材料（2人分）

じゃがいも … 2個（240g）
玉ねぎ … ¼個
油揚げ … ½枚

A
| 水 … カップ½
| コチュジャン、しょうゆ、酒 … 各大さじ1
| 砂糖 … 小さじ1
| おろしにんにく … 小さじ½

作り方

1 じゃがいもは皮をむいて4～6等分に切り、水にさっとさらして水けをきる。玉ねぎは1cm幅のくし形切りにしてほぐす。油揚げは半分に切り、1.5cm幅に切る。

2 ボウルにAを合わせ、1を入れてふんわりとラップをし、電子レンジで6分ほど、上下を返してさらに6分ほど、じゃがいもに竹串がすっと通るまで加熱する。

キリッとこしょうをきかせてどうぞ

(117) ジャーマンポテト

材料（2人分）

じゃがいも … 2個（240g）
ウインナー … 2本
オリーブ油 … 大さじ1
A　｜ おろしにんにく … 小さじ½
　　｜ 塩、粗びき黒こしょう
　　｜　… 各少量

作り方

1　じゃがいもは洗った水けがついたまま1個
　　ずつラップで包み、電子レンジで3分ほ
　　ど、上下を返してさらに2分ほど加熱し、
　　皮つきのまま8等分のくし形切りにする。
　　ウインナーは4等分の斜め切りにする。

2　フライパンにオリーブ油、1を入れて中火
　　にかけ、じゃがいもに焼き色がつくまで
　　焼く。Aを加えて炒め合わせる。

MEMO

ウインナーの代わりに1cm幅に
切ったベーコン2枚で作っても。

118 バターの香りに箸が止まらない
じゃがいもの
バターじょうゆきんぴら

材料（2人分）

じゃがいも … 2個（240g）
オリーブ油 … 大さじ½
A｜ しょうゆ、酒 … 各大さじ½
　｜ バター … 5g

作り方

1 じゃがいもは皮をむいて4mm太さに切り、水にさっとさらして水けをきる。

2 フライパンにオリーブ油を中火で熱し、1を5分ほど炒める。Aで調味する。

119 香ばしい黒ごまをたっぷりと
じゃがいもの
黒ごまあえ

材料（2人分）

じゃがいも … 2個（240g）
　｜ 黒すりごま … 大さじ1
A｜ しょうゆ … 小さじ1
　｜ 和風だしの素 … 少量

作り方

1 じゃがいもは皮をむいてせん切りにし、水にさっとさらす。鍋に湯を沸かし、2分ほどゆでてざるにあげる。

2 ボウルに1を入れ、Aを加えてあえる。

レンジとトースターで完成

120

ポテトのチーズ焼き

材料（2人分）

じゃがいも … 2個（240g）
A { 牛乳 … ¼カップ
バター … 10g
塩、こしょう … 各少量 }
ピザ用チーズ … 40g
ドライパセリ … 少量

MEMO

チーズの代わりに、マヨネーズ
をしぼってマヨ焼きにしても。

作り方

1 じゃがいもは洗った水けがついたまま耐熱容器に入れ、1cm深さの水を加え、ふんわりとラップをして、電子レンジで3分ほど、上下を返してさらに3分ほど加熱する。

2 熱いうちに皮をむいてボウルに入れ、粗くつぶす。Aを加えて混ぜる。

3 耐熱の器に移してチーズをのせ、オーブントースターで8分ほど、こんがりするまで焼く。パセリをふる。

缶詰を使ったお手軽煮もの

(121) じゃがいもとさば缶のカレー風味煮

材料（2人分）

じゃがいも … 2個（240g）
玉ねぎ … ¼個
さば水煮缶（缶汁をきる）
　… ½缶分（100g）

A | 水 … カップ1
　| 酒 … 大さじ1
　| しょうゆ、ウスターソース
　　… 各大さじ½
　| カレー粉、砂糖 … 各小さじ1

作り方

1　じゃがいもは皮をむいて4〜6等分に切り、水にさっとさらして水けをきる。玉ねぎは2cm幅のくし形切りにする。

2　鍋に1、Aを入れて煮立て、ふたをして弱火にし、じゃがいもに竹串がすっと通るまで15分ほど煮る。さば缶を加えて軽くほぐし、3分ほど煮る。

Garland chrysanthemum

春菊

独特の香りを持つ冬の葉野菜。
生のままサラダにしてもおいしい。

（122）キムチの辛みに春菊の風味がマッチ
春菊とキムチのサラダ

材料（2人分）

春菊 … 小⅓束（50g）
白菜キムチ … 50g
ごま油 … 小さじ1
塩 … 少量
焼きのり … 適量

作り方

1 春菊は葉を摘み、冷水につけてシャキッとしたら水けをきる。キムチは大きければ食べやすく切る。

2 器に1を順に盛り、ごま油をまわしかける。塩をふり、のりをちぎってちらす。

MEMO

残った茎は5cm長さに切ってごま油で炒め、しょうゆをふってきんぴら風に。

116

卵は別に炒めてふんわりと仕上げて

(123) 春菊と卵のしょうが炒め

材料（2人分）
春菊 … 小1束（150g）
卵 … 1個
しょうが（せん切り）… ½かけ分
サラダ油 … 大さじ½
A｜しょうゆ、酒 … 各大さじ½

作り方
1 春菊は6cm長さに切る。

2 フライパンにサラダ油の半量を中火で熱し、溶きほぐした卵をさっと炒めて取り出す。

3 2のフライパンに残りのサラダ油を中火で熱し、1、しょうがを1分ほど炒め、2を戻し入れる。Aで調味する。

マヨネーズのおかげでカリッと揚がります

124 **春菊とちくわのかき揚げ**

材料（2人分）

春菊 … 小½束（75g）
ちくわ … 1本

A ┃ マヨネーズ … 大さじ1
　┃ 冷水 … 大さじ4〜4½
　┃ 小麦粉 … カップ½

サラダ油 … 適量
塩、天つゆなど（好みで）
　… 各適量

作り方

1. 春菊は4cm長さに切り、水けをしっかりときる。ちくわは8mm幅の輪切りにする。

2. ボウルにAを順に入れてそのつど混ぜる（粉を加えたあとは混ぜすぎない）。1を加えてさっと混ぜる。

3. フライパンにサラダ油を2cm深さほど入れて中火で熱し、2を⅙〜¼量ずつスプーンですくって落とす。かたまってきたら弱火にし、返しながら4分ほど揚げる。好みで塩、天つゆなどを添える。

125

やさしいみそ味でさっと火を通します

春菊とはんぺんの
さっと煮

材料（2人分）

春菊 … 小1束（150g）
はんぺん … ½枚

A
だし汁 … カップ1⅓
みそ … 大さじ1½
しょうゆ、砂糖 … 各小さじ1
おろししょうが … 小さじ½

作り方

1 春菊は長さを3等分に切って葉と茎に分ける。はんぺんは4等分の三角形に切る。

2 フライパンにAを合わせて煮立て、はんぺんと春菊の茎を入れてふたをし、中火で2分ほど煮る。葉を加えてさらに1分ほど煮る。

126

コクのあるくるみの風味がよく合う

春菊のくるみあえ

材料（2人分）

春菊 … 小1束（150g）
くるみ … 30g

A
しょうゆ … 小さじ1
砂糖 … 小さじ½

作り方

1 鍋に湯を沸かして塩適量（分量外）を加え、春菊を根元から入れて1分ほどゆでる。冷水に取って水けをしぼり、4cm長さに切る。

2 くるみは厚手のポリ袋に入れてめん棒で細かくたたくか、包丁で刻む。

3 ボウルに2、Aを合わせ、1を加えてあえる。

Zucchini

ズッキーニ

カリウム豊富なかぼちゃの仲間。
煮る、炒めるなどどんな調理法でもおいしい。

 127 シンプルなラタトゥイユ風
ズッキーニのトマト煮

材料 (2人分)

ズッキーニ … 小1本 (180g)
玉ねぎ … ⅙個
にんにく (みじん切り) … 1かけ分
オリーブ油 … 大さじ½

A
トマトジュース … カップ1
顆粒コンソメ … 小さじ½
塩、こしょう、
ドライバジル … 各少量

作り方

1 ズッキーニは5mm幅の輪切りにする。玉ねぎは薄切りにする。

2 鍋にオリーブ油を中火で熱し、1とにんにくを2分ほど炒める。

3 Aを加えて煮立て、ふたをして弱火にし、10分ほど煮る。

MEMO

仕上げに粉チーズやピザ用
チーズをのせても。

128 塩もみで食感を残します。レモンをしぼって

ズッキーニとベーコンのサラダ

材料 (2人分)

ズッキーニ … ½本 (100g)
ベーコン … 1枚
塩 … 少量
オリーブ油 … 大さじ1
A | アンチョビ (フィレ・刻む)
　　　 … 2枚分
　 | おろしにんにく … 小さじ⅓
B | 酢 … 大さじ½
　 | 粗びき黒こしょう … 少量
レモン (くし形切り) … 1切れ

作り方

1　ズッキーニはピーラーでリボン状にして塩をまぶし、しんなりしたら水けをしぼる。ベーコンは1cm四方に切る。

2　フライパンにオリーブ油を中火で熱し、ベーコンをカリカリに炒め、Aを加えてさっと炒める。火を止めてB、1のズッキーニを加えて混ぜる。器に盛り、レモンを添える。

和風の味つけもよく合います

129 **ズッキーニとじゃこのしょうが炒め**

材料（2人分）

ズッキーニ … 小1本（180g）
ちりめんじゃこ … 大さじ1½
サラダ油 … 大さじ½

A
塩麹 … 大さじ½
酒 … 大さじ1
しょうゆ、おろししょうが
… 各小さじ½

作り方

1 ズッキーニは長さを3〜4等分に切り、縦半分に切ってから縦4mm幅に切る。

2 フライパンにサラダ油を中火で熱し、1を3分ほど炒める。じゃこを加えて炒め合わせ、Aで調味する。

130 ひと口サイズのおつまみ風おかず

ズッキーニの
みそチーズ焼き

材料（2人分）

ズッキーニ … 小1本（180g）
みそ … 小さじ2
ピザ用チーズ … 30〜40g
七味唐辛子 … 少量

作り方

1. ズッキーニは1cm幅の輪切りにし、アルミ
   ホイルを敷いたオーブントースターの天板
   に並べる。

2. みそを薄く塗り、チーズをのせ、オーブン
   トースターで10分ほど、焼き色がつくま
   で焼く。七味唐辛子をふる。

131 さっと揚げると甘みが凝縮

ズッキーニの素揚げ
わさびじょうゆ

材料（2人分）

ズッキーニ … ½本（100g）
サラダ油 … 適量
A │ しょうゆ … 大さじ½
　 │ 練りわさび … 小さじ¼

作り方

1. ズッキーニは1.5cm幅の輪切りにする。

2. フライパンに多めのサラダ油を中火で熱
   し、水けをしっかりふいた1を入れ、とき
   どき返しながら揚げ焼きにする。

3. 器に盛り、合わせたAをかける。

スナップえんどう

豆と野菜の栄養いいとこ取り。
必須アミノ酸のリジンが疲労回復をサポート。

132 蒸し炒めにして甘みを引き出します
スナップえんどうのガーリック炒め

材料（2人分）

スナップえんどう … 10本
オリーブ油 … 大さじ½
A | おろしにんにく … 小さじ½
　 | 塩、粗びき黒こしょう
　 | … 各少量

作り方

1 スナップえんどうは筋を取る。

2 フライパンにオリーブ油を弱火で熱し、1を入れ、ふたをしてときどき混ぜながら5～6分炒める。Aを加えてさっと炒める。

124

めんつゆを使ってお手軽に

(133)
スナップえんどうの卵とじ

材料（2人分）

スナップえんどう … 8本
卵 … 2個
A 　めんつゆ（2倍濃縮）、水
　　 … 各カップ¼
　　砂糖 … 小さじ½

作り方

1 スナップえんどうは筋を取り、3〜4等分の
　斜め切りにする。

2 直径20cmほどのフライパンにAを煮立て、
　1を入れて中火で2分ほど煮る。

3 溶きほぐした卵を回し入れ、ふたをして好み
　の加減に火を通す。

MEMO

玉ねぎの薄切り¼個分を一緒
に煮ても。

からしが味の引き締め役に

(134) **スナップえんどうのからし酢みそあえ**

材料（2人分）

スナップえんどう … 10本

A
| みそ … 大さじ1
| 酢 … 大さじ½
| 砂糖 … 小さじ1
| 練りがらし … 小さじ¼

作り方

1 スナップえんどうは筋を取る。

2 鍋に湯を沸かして塩適量（分量外）を加え、1を3分ほどゆでてざるにあげ、斜め半分に切る。

3 ボウルにAを合わせ、2を加えてあえる。

135
好相性のマヨネーズをピリ辛に
スナップえんどうの
明太マヨがけ

材料（2人分）

スナップえんどう … 8本

A
| 明太子（薄皮を除く）… 15g
| マヨネーズ … 大さじ1
| 牛乳 … 小さじ½
| しょうゆ … 小さじ¼

作り方

1 スナップえんどうは筋を取る。

2 鍋に湯を沸かして塩適量（分量外）を加え、1を3分ほどゆでてざるにあげる。

3 器に盛り、合わせたAをかける。

136
オリーブ油としょうゆの絶妙コンビで
スナップえんどうの
和風マリネ

材料（2人分）

スナップえんどう … 10本

A
| 長ねぎ（みじん切り）… 5cm分
| 水 … 大さじ2
| オリーブ油、しょうゆ … 各大さじ½
| 和風だしの素 … 小さじ1

作り方

1 スナップえんどうは筋を取る。

2 鍋に湯を沸かして塩適量（分量外）を加え、1を3分ほどゆでてざるにあげる。粗熱を取り、縦半分にさく。

3 ボウルにAを合わせ、2を加えてあえ、10分ほどおく。

Celery

セロリ

独特の香り成分はイライラ対策におすすめ。
選ぶときは筋の間隔が詰まっているものを。

137 おつまみいかくんのうまみが絶妙
セロリといかくんのマリネ

材料（2人分）

セロリ … 1本
いかのくん製（市販）
　… 35g

A
| オリーブ油 … 大さじ1
| 酢 … 小さじ1
| フレンチマスタード
| 　… 小さじ½
| 塩、こしょう … 各少量

作り方

1. セロリは斜め薄切りにする。葉は適量を
　ざく切りにする。

2. ボウルにAを合わせ、1、いかのくん製を
　加えてあえる。

（138）うまみと塩けの塩昆布が調味料に

セロリの塩昆布あえ

材料（2人分）

セロリ … 1本
塩昆布 … 5g
おろししょうが … 小さじ⅓

作り方

1 セロリは斜め薄切りにする。

2 ポリ袋に1、塩昆布、しょうがを入れて軽くもみ、冷蔵庫で20分ほどおいて水けをしぼる。

（139）すっとする香りのスープごとどうぞ

セロリとベーコンのスープ煮

材料（2人分）

セロリ … 1本
ベーコン … 1枚
A｜水 … カップ⅔
　｜固形コンソメ … ½個

作り方

1 セロリは縦半分に切って斜め薄切りに、葉はざく切りにする。ベーコンは1cm幅に切る。

2 鍋にAと1を入れて煮立て、中火で5分ほど煮る。

しんなり炒めたセロリも絶品

140 **セロリとザーサイの中華炒め**

材料 (2人分)
セロリ … 1本
ザーサイ (味つき) … 25g
ごま油 … 適量
しょうゆ … 少量

作り方

1 セロリは、3～4mm幅の斜め薄切りにする。葉は適量をざく切りにする。ザーサイは粗く刻む。

2 フライパンにごま油を中火で熱し、セロリの葉以外の1を3分ほど炒める。葉を加えて炒め合わせ、しょうゆで味をととのえる。

MEMO

ザーサイの塩けによって、しょうゆの量を加減する。

141

みそとヨーグルトが意外な好相性

スティックセロリの
みそヨーグルトディップ

材料 (2人分)

セロリ … 1本

A　みそ、プレーンヨーグルト（無糖）
　　… 各小さじ2

作り方

1 セロリは筋を取り、10cm長さに切る。太
　い部分は縦2～3等分に切る。

2 器に盛り、合わせたAを添える。

142

太めのせん切りで食感を楽しんで

セロリの
たらこマヨサラダ

材料 (2人分)

セロリ … 1本
塩 … 少量

A　たらこ（薄皮を除く）… 15g
　　マヨネーズ … 小さじ2
　　こしょう … 少量

作り方

1 セロリは筋を取り、太めのせん切りにす
　る。塩をまぶして軽くもみ、2分ほどおい
　て水けをしぼる。

2 ボウルにAを合わせ、1を加えてあえる。

大根

酵素が消化を助けて胃もたれを予防。
葉はβ-カロテンやビタミンCが豊富。

143 **レンチンだけでも味しみしみ**
大根と鶏ひき肉のレンジ煮

材料（2人分）

大根 … ¼本
鶏ひき肉 … 50g
A
だし汁 … カップ½
しょうゆ … 大さじ1
砂糖 … 小さじ2
酒、みりん … 各大さじ½
おろししょうが … 小さじ½

作り方

1 大根は1cm幅のいちょう切りにする。

2 耐熱ボウルにA、ひき肉を入れて混ぜ、1を入れる。ふんわりとラップをして電子レンジで6分ほど加熱し、上下を返し、さらに6分加熱する。そのまま冷ます。

塩もみでかさを減らしてたっぷり食べて

144

大根とわかめの中華サラダ

材料（2人分）

大根 … ⅙本
カットわかめ（乾）… 2g
塩 … 少量
A
　ごま油、酢 … 各小さじ2
　サラダ油、しょうゆ
　　… 各大さじ½
　白いりごま … 小さじ1
　砂糖 … 小さじ⅓

作り方

1. わかめは水に5分ほどつけてもどし、水けをしぼる。

2. 大根はせん切りにし、塩をまぶして5分おき、しんなりしたら水けをしぼる。

3. ボウルにAを合わせ、1、2を加えてあえる。

MEMO

ツナやハムの細切りを加えても。

レンジでOK。大根を堪能するならこの一品

（145）レンジふろふき大根

材料（2人分）

大根 … ¼本

A | だし汁 … カップ⅓
　| 塩 … 小さじ¼

B | みそ … 大さじ1
　| 水、砂糖 … 各大さじ½
　| みりん … 小さじ½

作り方

1　大根は1.5cm幅の輪切りにし、片面に十字の切り込みを入れる。耐熱皿に切り込みを上にして並べ、ふんわりとラップをかけ、電子レンジで3分ほど、上下を返してさらに3分ほど、竹串がすっと通るまで加熱する。

2　Aを加えてさらに2分ほど加熱し、そのまま冷ます。

3　小さめの耐熱ボウルにBを合わせ、ラップをかけずに電子レンジで1分30秒ほど加熱して混ぜる。温め直した2にかける。

146 あっさりサラダ感覚のひと皿
大根の赤じそマリネ

材料（2人分）

大根 … ⅙本

A ┃ オリーブ油 … 大さじ1
　 ┃ 赤じそふりかけ … 小さじ½

作り方

1 大根は2～3mm幅のいちょう切りにする。

2 ポリ袋に1、Aを入れて軽くもみ、冷蔵庫で10分以上おく。

147 毎朝の定番を大根おろしでさっぱり
おろし納豆

材料（2人分）

大根 … ⅙本

納豆 … 2パック

細ねぎ（小口切り） … 適量

しょうゆ … 適量

作り方

1 大根はすりおろし、軽く汁けをきる。

2 納豆は添付のたれを混ぜて器に盛り、1、細ねぎをのせ、しょうゆをかける。

味を含んだ油揚げがポイント

148 **大根と油揚げのオイスターソース炒め**

材料（2人分）

大根 … ⅙本
油揚げ … ½枚
ごま油 … 小さじ1

A
オイスターソース、酒
… 各大さじ½
豆板醤、おろしにんにく
… 各小さじ⅓

作り方

1. 大根は4mm幅のいちょう切りにする。油揚げ
   は半分に切り、8mm幅に切る。

2. フライパンにごま油を中火で熱し、1を5分
   ほど炒める。Aで調味する。

もちもち食感のおつまみ点心

149 大根もち

材料（2人分）

大根 … ⅙本（正味150g）
桜えび … 3g
細ねぎ（小口切り）… 1本分

A｜ 小麦粉、片栗粉 … 各30g
　｜ 塩 … 少量

ごま油 … 大さじ½
酢、しょうゆ … 各適量

作り方

1. 大根はチーズおろしや粗めのおろし金ですりおろし、軽く汁けをしぼる（汁はとっておく）。

2. ボウルに1、桜えび、細ねぎ、Aを入れてよく混ぜ、成形できるくらいのかたさに小麦粉（分量外）や1の汁で調節する。4等分して厚さ1cmほどの円形に成形する。

3. フライパンにごま油を中火で熱し、2を並べ、アルミホイルをかぶせて3分ほど焼いて裏返し、同様に3分ほど焼く。酢じょうゆを添える。

レンチンしてから焼いてこんがりジューシーに

(150) 大根ステーキ ガリバタじょうゆ

材料（2人分）

大根 … 6cm
小麦粉 … 適量
オリーブ油 … 小さじ1
A
酒 … 大さじ1
しょうゆ … 小さじ2
バター … 5g
おろしにんにく … 小さじ½
細ねぎ（小口切り）… 少量

作り方

1 大根は1.5cm幅の輪切りにして、片面に十字の切り込みを入れる。

2 耐熱皿に切り込みを上にして並べ、ふんわりとラップをかけ、電子レンジで3分ほど加熱する。上下を返してさらに3分ほど、竹串がすっと通るまで加熱する。水けをふいて小麦粉を薄くまぶす。

3 フライパンにオリーブ油を中火で熱し、2の両面をこんがりと焼く。Aを加えてからめ、器に盛り、細ねぎをふる。

151 かにかまのうまみでぐっと味わいアップ
大根とかにかまの マヨサラダ

材料（2人分）
大根 … ⅙本
かに風味かまぼこ … 2本
塩 … 少量

A
マヨネーズ … 大さじ1
レモン汁 … 小さじ½
塩、こしょう … 各少量

作り方
1 大根はせん切りにし、塩をまぶして5分
ほどおき、水けをしぼる。かにかまはほ
ぐす。

2 ボウルに1を入れ、Aを加えてあえる。

152 ポリポリと軽快な食感の箸休め
大根のしょうゆ漬け

材料（2人分）
大根 … ⅙本
塩 … 少量

A
酢 … 大さじ2
砂糖 … 大さじ1⅓
しょうゆ … 小さじ2
赤唐辛子（小口切り） … ひとつまみ

作り方
1 大根は太さ1cm、長さ5cmの棒状に切る。

2 ポリ袋に1、塩を入れて軽くもみ、水けが
出たら軽くしぼる。Aを加えてもみ混ぜ、
冷蔵庫で1時間以上漬ける。

たけのこ（水煮）

食物繊維を多く含み、腸内環境を整える。
旬の春にはぜひゆでたてを。

(153) ピリッと山椒の辛みがアクセント

たけのこの
オイスターソース炒め

材料（2人分）

たけのこ（水煮）… 150g
ごま油 … 小さじ1
A
酒 … 大さじ1
オイスターソース … 大さじ½
おろししょうが … 小さじ⅓
白いりごま … 適量
粉山椒 … 少量

作り方

1 たけのこは縦半分に切って
4cm長さに切り、薄切りにする。

2 フライパンにごま油を中火で熱
し、1を3分ほど炒める。

3 Aで調味し、器に盛り、白いり
ごま、粉山椒をふる。

140

ウインナーは細かく刻んでトッピング風に

154

たけのことウインナーのパン粉焼き

材料（2人分）

たけのこ（水煮）… 150g
ウインナー … 2本

A
パン粉 … 大さじ2
オリーブ油 … 小さじ1
にんにく（みじん切り）
　… 小さじ½
塩、粗びき黒こしょう
　… 各少量

作り方

1. たけのこは5mm幅のくし形切りにする。ウインナーは細かく刻む。Aは合わせておく。

2. 耐熱の器にサラダ油少量（分量外）を塗り、たけのこを並べる。ウインナーを散らし、Aをのせる。

3. アルミホイルをかぶせ、オーブントースターで5分ほど焼く。ホイルをはずし、こげ目がつくまで1〜2分焼く。

カリカリじゃこと長ねぎをたっぷりのせて

(155) たけのこのバターじょうゆ焼き

材料 (2人分)

たけのこ (水煮) … 150g
ちりめんじゃこ
　… 大さじ1½
長ねぎ … 5cm
サラダ油 … 小さじ½
バター … 5g
A{ 酒 … 大さじ1
　しょうゆ、みりん
　… 各小さじ1

作り方

1 たけのこは5mm幅のくし形切りにする。長ねぎは
　薄い小口切りにしてさっと水にさらし、水けをし
　ぼる。

2 フライパンにサラダ油を中火で熱し、じゃこをカ
　リカリになるまで炒めて取り出す。

3 2のフライパンにバターを中火で熱し、たけのこ
　を並べ、両面を2分くらいずつ焼く。Aを加えて
　からめ、器に盛り、2、長ねぎをのせる。

156 バジル香るオイルが絶好の調味料
たけのこの
バジルオイルマリネ

材料（2人分）

たけのこ（水煮）… 150g

A
| オリーブ油 … 大さじ1
| ドライバジル … 小さじ½
| 塩、粗びき黒こしょう … 各少量

作り方

1 たけのこは穂先は5mm幅のくし形切りにする。根元は5mm幅のいちょう切りにする。

2 耐熱容器に入れてふんわりとラップをかけ、電子レンジで2分ほど加熱する。

3 Aを加えてあえる。

157 うまみたっぷりシンプル煮もの
たけのこの土佐煮

材料（2人分）

たけのこ（水煮）… 150g

A
| だし汁 … カップ1
| しょうゆ、みりん … 各小さじ2

削り節 … 3g

作り方

1 たけのこは穂先は1.5cm幅のくし形切り、根元は1cm幅のいちょう切りにする。

2 鍋に1、Aを入れて煮立て、ふたをして、弱火で8分ほど煮る。火を止め、削り節を混ぜる。

玉ねぎ

硫化アリルやケルセチンが疲労回復をサポート、
血液をさらさらに。生食でより効果アップ。

おそば屋さんのカレーみたいな味わい

(158) **玉ねぎのカレーそぼろ煮**

材料（2人分）

玉ねぎ … 1個
豚ひき肉 … 50g

A
だし汁 … カップ1
しょうゆ、みりん
　… 各大さじ1
砂糖 … 小さじ1
カレー粉 … 小さじ½

作り方

1 玉ねぎは6〜8等分のくし形切りにする。

2 鍋にA、ひき肉を入れて混ぜ、1を加え
て煮立てる。ふたをして、弱火で15分
ほど煮る。

みょうがと梅でさっぱり香りよく

159 オニオンスライスとツナの梅ドレッシング

材料（2人分）

玉ねぎ … 1個
ツナ缶（軽く油をきる）
　… ½缶（35g）
みょうが … 1個

A
梅干し（種を除いてたたく）
　… 1個分（10g）
サラダ油 … 大さじ1
酢 … 大さじ½
しょうゆ … 小さじ½
砂糖 … 小さじ⅓

作り方

1. 玉ねぎは縦半分に切って横薄切りにし、水に5分ほどさらして水けをしぼる。みょうがは薄い小口切りにし、さっと水にさらして水けをしぼる。

2. 玉ねぎ、みょうが、ツナを合わせて器に盛り、合わせたAをかける。

体が芯から温まるやさしい味わい

160 オニオングラタン風スープ

材料（2人分）

玉ねぎ … 1個
にんにく（みじん切り）
　… ½かけ分
バター … 10g
A｜水 … 350㎖
　｜固形コンソメ … 1個
塩、粗びき黒こしょう
　… 各少量
ピザ用チーズ … 20g

作り方

1 玉ねぎは縦半分に切って縦薄切りにする。

2 鍋にバター、1、にんにくを入れて中火にかけ、玉ねぎがしっとりするまで炒める。Aを加えて煮立て、ふたをして、弱火で15分ほど煮る。塩で味をととのえる。

3 器に盛り、熱いうちにチーズをのせ、粗びき黒こしょうをふる。

MEMO

好みでトーストしたバゲットを添えて。

146

161 横薄切りにすると辛みが抜けやすい

オニオンスライスの
おかかポン酢がけ

材料（2人分）

玉ねぎ … 1個
削り節 … 2g
ポン酢しょうゆ … 適量

作り方

1 玉ねぎは縦半分に切って横薄切りにし、水に5分ほどさらして水けをしぼる。

2 器に盛り、削り節をのせ、ポン酢しょうゆをかける。

MEMO

ごま油少量を加えるとコクが出る。

162 レモンの香りをプラスしてさわやかに

玉ねぎとハムの
レモンマリネ

材料（2人分）

玉ねぎ … 1個
ハム … 2枚
A｜オリーブ油 … 大さじ1½
　｜酢 … 小さじ1
　｜レモン汁 … 小さじ⅔
　｜砂糖 … 小さじ⅓
　｜塩、こしょう … 各少量

作り方

1 玉ねぎは縦半分に切って縦薄切りにし、水に5分ほどさらして水けをしぼる。ハムは放射状に8等分に切る。

2 ボウルにAを合わせ、1を加えてあえる。

163 お好みでペッパーソースをかけて
玉ねぎとウインナーのナポリタン風

材料（2人分）

玉ねぎ … 1個
粗びきウインナー … 2本
オリーブ油 … 小さじ1
A
トマトケチャップ、酒
　… 各大さじ1
ウスターソース … 小さじ1
塩、こしょう … 各少量
粉チーズ … 少量

作り方

1. 玉ねぎは縦半分に切り、縦8mm幅に切る。ウインナーは斜め薄切りにする。

2. フライパンにオリーブ油を熱して1を炒め、玉ねぎがしんなりしたらAで調味する。器に盛り、粉チーズをふる。

にんにくとバターの香りがそそる
164 玉ねぎのガリバタステーキ

材料（2人分）

玉ねぎ … 1個　小麦粉 … 適量
オリーブ油 … 大さじ1

A
しょうゆ … 大さじ1弱
酒、水 … 各大さじ1
おろしにんにく … 小さじ½

バター … 5g

作り方

1 玉ねぎは横1cm幅の輪切りにし、バラバラにならないようにようじでとめる。

2 耐熱容器に並べてふんわりとラップをかけ、電子レンジで3分ほど加熱する。キッチンペーパーで水けを取り、小麦粉をまぶす。

3 フライパンにオリーブ油を中火で熱し、2を並べる。ふたをして弱火にし、片面3分くらいずつ焼く。合わせたAとバターを加えてからめる。

玉ねぎの食感が残るくらいに炒めて
165 玉ねぎと桜えびの中華炒め

材料（2人分）

玉ねぎ … 1個　桜えび … 5g
ごま油 … 大さじ½

A
酒 … 大さじ1
鶏ガラスープの素 … 小さじ½
塩、こしょう … 各少量

ラー油 … 適量

作り方

1 玉ねぎは縦半分に切り、縦8mm幅に切る。

2 フライパンにごま油を中火で熱し、1を炒める。透き通ってきたら桜えびを加えて炒め合わせる。

3 Aで調味し、器に盛り、ラー油をかける。

チンゲン菜

くせがなく、どんな調理法にも合う。
食べやすく切って冷凍保存も可能。

しょうがのきいたシンプルな炒めもの

166 **チンゲン菜と鶏ひき肉の塩麹炒め**

材料（2人分）

チンゲン菜 … 2株
鶏ひき肉 … 80g
サラダ油 … 大さじ½

A
- 塩麹 … 大さじ1
- 酒 … 大さじ½
- おろししょうが … 小さじ½

作り方

1 チンゲン菜は5cm長さに切り、葉と茎に分ける。茎は太ければ縦半分に切る。

2 フライパンにサラダ油を中火で熱し、ひき肉を色が変わるまで炒める。

3 チンゲン菜の茎を加えて2分ほど炒め、しんなりしたら葉を加えてさっと炒める。Aで調味する。

150

さっとゆでてサラダ仕立てに

167 チンゲン菜とトマトの中華サラダ

材料（2人分）

チンゲン菜 … 1株
トマト … 1個

A
ごま油 … 大さじ1
酢 … 大さじ½
しょうゆ … 小さじ2
白いりごま … 小さじ½
砂糖 … 小さじ⅓

作り方

1 チンゲン菜は1枚ずつはがす。鍋に湯を沸かし、チンゲン菜を根元から入れて3分ほどゆでる。冷水にとり、水けをしぼって4㎝長さに切る。茎は太ければ縦半分に切る。トマトは2㎝角に切る。

2 ボウルにAを合わせ、1を加えてあえる。

梅干しの風味でさっぱりと

168 チンゲン菜の梅あえ

材料（2人分）

チンゲン菜 … 1株

A
梅干し（種を除いてたたく）… 1個分（10g）
しょうゆ … 小さじ1
砂糖 … 小さじ⅓

作り方

1 チンゲン菜は1枚ずつはがす。鍋に湯を沸かし、チンゲン菜を根元から入れて3分ほどゆでる。冷水にとり、水けをしぼって4㎝長さに切る。茎は太ければ縦半分に切る。

2 ボウルにAを合わせ、1を加えてあえる。

やっぱりおいしい定番の組み合わせ

169 チンゲン菜とハムのクリーム煮

材料（2人分）

チンゲン菜 … 2株
ハム … 2枚
A
牛乳 … カップ1
鶏ガラスープの素
　… 小さじ1
塩、こしょう … 各少量
片栗粉 … 小さじ1

作り方

1. チンゲン菜は根元に十字の切り込みを入れて、4等分にさく。ハムは半分に切って1cm幅に切る。

2. フライパンにAを入れて中火にかけ、沸騰直前で1を入れる。吹きこぼれないように火加減を調節しながら、4分ほど煮る。

3. 弱火にして、大さじ1の水で溶いた片栗粉を加えてとろみをつける。

170 ビタミンC満載のひと皿

チンゲン菜と
パプリカの中華炒め

材料（2人分）

チンゲン菜 … 2株
パプリカ（黄） … ¼個
ごま油 … 大さじ½
A │ オイスターソース、酒 … 各大さじ½
　│ おろしにんにく … 小さじ½

作り方

1 チンゲン菜は4〜5cm長さに切り、葉と茎に分ける。茎は太ければ縦半分に切る。パプリカは長ければ横半分に切り、5mm幅の細切りにする。

2 フライパンにごま油を中火で熱し、パプリカ、チンゲン菜の茎の順に入れて2分ほど炒める。しんなりしたら葉を加えてさっと炒める。Aで調味する。

171 マヨネーズで炒めてコクをアップ

チンゲン菜の
マヨポン炒め

材料（2人分）

チンゲン菜 … 2株
マヨネーズ、ポン酢しょうゆ … 各大さじ1
削り節 … 適量

作り方

1 チンゲン菜は4cm長さに切り、葉と茎に分ける。茎は太ければ縦半分に切る。

2 フライパンにマヨネーズを中火で熱し、チンゲン菜の茎を2分ほど炒める。

3 しんなりしたら葉を加えてさっと炒め、ポン酢しょうゆを加えて炒め合わせる。器に盛り、削り節をふる。

豆苗

さやえんどうの若芽。年間を通して、
β-カロテンやビタミンCの補給源に。

さっと炒めで食感を残して

172 **豆苗と厚揚げのチャンプルー**

材料（2人分）

豆苗 … 1袋
厚揚げ … 80g
ごま油 … 小さじ1
A│ しょうゆ、酒 … 各大さじ½
　│ みりん … 小さじ1
　│ おろししょうが … 小さじ½
削り節 … 適量

作り方

1. 豆苗は根元を落とす。厚揚げは4cm四方、1cm幅に切る。
2. フライパンにごま油を中火で熱し、厚揚げを3分ほど、軽く焼き色がつくまで炒める。
3. A、豆苗を加えて炒め合わせ、器に盛り、削り節をふる。

シンプル塩味。ケチャップをかけても

173

豆苗のスクランブルエッグ

材料（2人分）

豆苗 … 1袋
卵 … 2個
オリーブ油 … 大さじ½
A 牛乳 … 大さじ1
　 塩、こしょう … 各少量
塩、こしょう … 各少量

作り方

1 豆苗は根元を落とし、3等分に切る。卵は溶きほぐし、Aを加えて混ぜる。

2 フライパンにオリーブ油を中火で熱し、1の卵液をさっと炒めて取り出す。続いて豆苗を1分ほど手早く炒める。

3 卵を戻し入れ、塩、こしょうで味をととのえる。

174 しょうゆとみりんのやさしい味つけで
豆苗と桜えびのさっと煮

材料（2人分）

豆苗 … 1袋
桜えび … 5g
A
　だし汁 … 150mℓ
　しょうゆ、みりん
　　… 各大さじ½
　砂糖 … 小さじ½

作り方

1 豆苗は根元を落とし、3等分に切る。

2 鍋にAを煮立て、1、桜えびを入れて中火で4分ほど煮る。

175
青じそがふわりと香る
豆苗とえのきの
ポン酢しょうゆあえ

材料(2人分)

豆苗 … 1袋
えのきたけ … 1/3パック
青じそ … 3枚
ポン酢しょうゆ … 大さじ1

作り方

1 豆苗は根元を落とし、半分に切る。えのきは根元を落とし、半分に切る。青じそはせん切りにし、さっと水にさらして水けをしぼる。

2 鍋に湯を沸かして豆苗を入れ、20秒ほど経ったらえのきを加え、さらに20秒ほどゆでる。合わせて冷水にとり、水けをしぼる。

3 ボウルに2、青じそを入れ、ポン酢しょうゆを加えてあえる。

176
塩昆布が調味料代わりに
豆苗の塩昆布あえ

材料(2人分)

豆苗 … 1袋
A 塩昆布 … 3g
　白すりごま … 大さじ1/2

作り方

1 豆苗は根元を落とし、半分に切る。鍋に湯を沸かし、40秒ほどゆでて冷水にとり、水けをしぼる。

2 ボウルに1を入れ、Aを加えてあえる。

トマト・ミニトマト

強い抗酸化力を持つリコピンが豊富。
グルタミン酸を含み、うまみもたっぷり。

しっかり冷やしたトマトを使って

(177)

トマトのハニーマスタードドレッシング

材料（2人分）

トマト … 1個（150g）

A
- オリーブ油 … 大さじ1
- 酢 … 大さじ½
- フレンチマスタード … 小さじ1
- はちみつ … 小さじ½
- 塩、粗びき黒こしょう … 各少量

作り方

1 トマトは縦半分に切って 8mm幅に切り、器に盛る。

2 合わせたAをかける。

フレッシュバジルの香りが広がる

178

カプレーゼ

材料（2人分）

トマト … 大1個（200g）
モッツァレラチーズ
　 … 1個（100g）
バジルの葉 … 5～6枚
塩、粗びき黒こしょう
　 … 各少量
オリーブ油 … 大さじ1½

作り方

1 トマトは縦8mm幅に切る。チーズは水けをふき、8mm幅に切る。

2 器にトマト、チーズ、バジルを少しずつずらして重ねるように盛り、塩、粗びき黒こしょう、オリーブ油をかける。

MEMO

バジルの葉がなければ、ドライバジルをふって。

卵は炒めすぎず、ふんわり仕上げて

(179) トマト卵炒め

材料（2人分）

トマト … 1個（150g）
卵 … 2個
A 牛乳 … 大さじ1
　塩、こしょう … 各少量
オリーブ油 … 大さじ½
塩、粗びき黒こしょう
　… 各少量

作り方

1. トマトは2cm角に切る。ボウルに卵を溶きほぐし、Aを加えて混ぜる。

2. フライパンにオリーブ油を中火で熱し、1の卵液を入れて大きく混ぜる。半熟になったらトマトを加えて30秒ほど炒め、塩、粗びき黒こしょうで調味する。器に盛り、粗びき黒こしょう少量（分量外）をふる。

できたてでも、味がなじんでからでもおいしい

180 **ミニトマトの和風マリネ**

材料（2人分）

ミニトマト … 12個（150g）
青じそ … 2枚
みょうが … 1個
A ┃ オリーブ油 … 大さじ1
　┃ しょうゆ、酢 … 各小さじ1
　┃ ゆずこしょう … 小さじ¼

作り方

1 ミニトマトはヘタを除き、1個につき5か所ほどようじを刺して穴を開ける。

2 青じそはせん切りにし、みょうがは薄い小口切りにする。合わせてさっと水にさらして水けをしぼる。

3 ボウルにAを合わせ、1、2を加えてあえる。

MEMO

皮を湯むきするとより味がなじむ。

トマトは温まるくらいでOK

(181) トマトとひき肉のナンプラー炒め

材料（2人分）

トマト … 1個（150g）
豚ひき肉 … 70g
サラダ油 … 小さじ1
A │ 酒 … 大さじ½
　│ ナンプラー … 小さじ1
　│ おろしにんにく … 小さじ½
香菜 … 適量

作り方

1. トマトは6～8等分のくし形切りにする。香菜は2cm長さに切る。

2. フライパンにサラダ油を中火で熱し、ひき肉を色が変わるまで炒める。

3. トマト、Aを加えてさっと炒め合わせる。器に盛り、刻んだ香菜をのせる。

182 ツナマヨに酢を加えてさっぱりと

ミニトマトの
ツナマヨサラダ

材料（2人分）

ミニトマト … 10個（120g）

ツナ缶（軽く油をきる）… ½缶（35g）

A │ マヨネーズ … 大さじ1
│ 酢 … 小さじ½
│ 塩、こしょう … 各少量

作り方

1 ミニトマトは半分に切る。

2 ボウルにA、ツナを入れて混ぜ、1を加えてあえる。

183 おろし玉ねぎの辛みがポイント

トマトの中華あえ

材料（2人分）

トマト … 大1個（200g）

A │ ごま油 … 大さじ1
│ おろし玉ねぎ … 大さじ½
│ 酢 … 大さじ½
│ しょうゆ … 小さじ1
│ 白すりごま … 小さじ1
│ 砂糖 … 小さじ½
│ おろしにんにく … 小さじ⅓

作り方

1 トマトは2cm角に切る。

2 ボウルにAを合わせ、1を加えてあえる。

手軽なさば缶で熱々ジューシーなひと皿に

184 **トマトとさば缶のチーズ焼き**

材料 (2人分)

トマト … 1個 (150g)
長ねぎ … 5cm
さば水煮缶
　　… 1缶 (200g)
塩、こしょう … 各少量
ピザ用チーズ … 40g

作り方

1 トマトは縦半分に切って1cm幅に切る。長ねぎは薄い小口切りにする。

2 耐熱容器にトマトを入れ、塩、こしょうをふる。缶汁をきったさば缶をのせ、長ねぎをちらし、チーズをのせる。

3 オーブントースターでチーズがこんがりするまで6分ほど焼く。

185
湯むきすれば味がしみやすい
丸ごとトマトの
おひたし

材料（2人分）

トマト … 小2個（200g）

A
| めんつゆ（2倍濃縮）… カップ¼
| 水 … 大さじ2
| おろししょうが … 小さじ½

作り方

1 トマトはヘタの反対側に十字の切り込みを入れ、沸騰した湯に10秒ほどつけて冷水にとり、皮をむく。

2 ポリ袋にAを合わせ、1を入れて空気を抜いて口をしばる。冷蔵庫で20分以上おく。

186
トマトのうまみがみそ汁に合う
トマトと
わかめのみそ汁

材料（2人分）

トマト … 1個（150g）

カットわかめ（乾）… ひとつまみ

だし汁 … 350mℓ

みそ … 大さじ1⅓

作り方

1 トマトは2cm角に切る。

2 鍋にだし汁、わかめを入れて中火で煮立て、1を加えてひと煮し、みそを溶き入れる。

長いも

デンプンを分解する酵素を含み、消化を助ける。
生でも加熱してもおいしい。

こっくりみそ味があとをひく

187 　**長いものひき肉炒め**

材料（2人分）

長いも … 180g
豚ひき肉 … 70g
サラダ油 … 小さじ1
A
　酒 … 大さじ½
　しょうゆ、みそ、みりん … 各小さじ1
　おろししょうが … 小さじ½
　豆板醤 … 小さじ⅓

作り方

1 長いもは皮をむき、1cm太さ、4cm長
　さの棒状に切る。Aは合わせておく。

2 フライパンにサラダ油を中火で熱し、
　ひき肉を色が変わるまで炒める。

3 長いもを加えて3分ほど炒め、Aを
　加えてからめる。

さくっとした食感が残るように粗めにたたいて

188 **長いもの磯辺焼き風**

材料（2人分）

長いも … 150g

A｜片栗粉 … 大さじ1½
　｜削り節 … 1g
　｜塩 … 少量

焼きのり（4等分に切る）
　… 全形1枚分

サラダ油 … 小さじ1

ポン酢しょうゆ … 適量

作り方

1 長いもは皮をむいて厚手のポリ袋に入れ、めん棒で少し粒が残るくらいにたたく。Aを加えて混ぜる。

2 スプーンでのりに等分にのせて2つ折りにし、サラダ油をひいたフライパンに並べる。

3 中火にかけ、3分ほど焼いたら裏返し、さらに2～3分焼く。器に盛り、ポン酢しょうゆを添える。

189 食欲のないときも食べやすい
とろろごはん

材料（2人分）

長いも … 180g
めんつゆ（2倍濃縮）
　… 大さじ1½
麦ごはん … 茶碗2杯分
刻みのり、練りわさび
　… 各適量

作り方

1. 長いもは皮をむいてすりおろし、ボウルに入れ、めんつゆを少しずつ加えて混ぜる。

2. 器に盛ったごはんにかけ、刻みのりをのせ、わさびを添える。

MEMO

好みでうずら卵をのせて。

（190） 加熱するとほっこりした食感に
長いもとベーコンの和風煮

材料（2人分）

長いも … 180g
ベーコン … 1枚
A だし汁 … 150mℓ
　酒 … 大さじ1
　しょうゆ … 小さじ2
　砂糖 … 小さじ1

作り方

1 長いもは皮をむいて1cm幅の輪切りにする。ベーコンは1cm幅に切る。

2 鍋にA、1を入れて煮立て、ふたをして弱火で5分ほど煮る。ふたをはずし、煮汁を1分ほど煮つめる。

バターが香るステーキ風

(191) 長いものバターじょうゆ焼き

材料（2人分）

長いも … 180g
オリーブ油 … 大さじ½
A
　酒 … 大さじ1
　しょうゆ、水 … 各大さじ½
　みりん … 小さじ½
　バター … 5g
七味唐辛子 … 適量

作り方

1 長いもはよく洗い、皮つきのまま1cm幅の輪切りにする。

2 フライパンにオリーブ油を中火で熱し、1を並べてふたをし、弱火で2分ほど焼く。裏返してさらに2分ほど焼く。

3 Aを加えてからめ、器に盛り、七味唐辛子をふる。

192 おつまみにぴったり。明太子でもOK
長いものたらこあえ

材料（2人分）

長いも … 150g
青じそ … 2枚
たらこ … 15g
めんつゆ（2倍濃縮）… 小さじ1

作り方

1. 長いもは皮をむいて厚手のポリ袋に入れ、めん棒で食べやすい大きさにたたく。たらこは薄皮を除く。青じそは食べやすくちぎる。

2. ボウルに1を入れ、めんつゆを加えてあえる。

193 シャリシャリ食感に箸が止まらない
せん切り長いものおかかポン酢がけ

材料（2人分）

長いも … 150g
削り節 … 2g
ポン酢しょうゆ … 適量

作り方

1. 長いもは皮をむき、4cm長さのせん切りにする。

2. 器に盛り、削り節をふり、ポン酢しょうゆをかける。

長ねぎ

独特の辛み成分アリシンには抗菌作用あり。
加熱するとグッと甘みを増す。

こんがり焼いて香ばしさをプラス

(194) 焼きねぎのレモンマリネ

材料（2人分）

長ねぎ … 2本
レモンの輪切り … 1枚

A

> オリーブ油 … 大さじ3
> 酢 … 大さじ1
> 塩 … 小さじ¼
> 粗びき黒こしょう … 少量

作り方

1 長ねぎは4cm長さのぶつ切りにする。アルミホイルを敷いたオーブントースターの天板に並べ、6分ほど焼き、裏返してさらに6分ほど、焼き色がつくまで焼く。レモンは6〜8等分に切る。

2 ボウルにAを合わせ、レモンを加える。長ねぎが熱いうちに加えてからめる。

レンジ加熱して甘みを引き出します

(195) **長ねぎとツナのごま油あえ**

材料（2人分）

長ねぎ … 1本
ツナ缶 … ½缶（35g）

A
| ごま油 … 小さじ2
| 鶏ガラスープの素、
| おろしにんにく
| … 各小さじ⅓
| こしょう … 少量

作り方

1 長ねぎは薄い斜め切りにする。耐熱容器に入れてふんわりとラップをかけ、電子レンジで50秒ほど加熱し、水けをきる。ツナは軽く油をきる。

2 ボウルに1を入れ、Aを加えてあえる。

からしで味を引き締めます

(196) 長ねぎとたこのからし酢みそあえ

材料（2人分）

長ねぎ … 1本
ゆでだこ … 80g

A | みそ … 大さじ1
  | 酢、砂糖 … 各大さじ½
  | 練りがらし … 小さじ⅓

作り方

1 長ねぎは4cm長さに切り、縦半分に切る。鍋に湯を沸かし、3分ほどゆでてざるにあげ、粗熱を取る。たこはそぎ切りにする。

2 ボウルにAを合わせ、1を加えてあえる。

197 カレー粉を加えて複雑な味わいに

長ねぎと魚肉ソーセージの ソース炒め

材料（2人分）

長ねぎ … 1本
魚肉ソーセージ … 1本
サラダ油 … 大さじ½
A｜中濃ソース … 大さじ1
　｜カレー粉 … 小さじ¼
　｜塩、こしょう … 各少々

作り方

1 長ねぎは8mm幅の斜め切りにする。魚肉ソーセージは8mm幅の斜め切りにする。

2 フライパンにサラダ油を中火で熱し、1を4分ほど炒める。

3 Aで調味する。

198 10分ほどおくと、味がよくしみる

焼きねぎの めんつゆびたし

材料（2人分）

長ねぎ … 2本
A｜めんつゆ（2倍濃縮） … 大さじ3
　｜水 … 大さじ2
　｜おろししょうが … 小さじ⅓

作り方

1 長ねぎは4cm長さのぶつ切りにする。アルミホイルを敷いたオーブントースターの天板に並べ、6分ほど焼き、裏返してさらに6分ほど、焼き色がつくまで焼く。

2 ボウルにAを合わせ、1が熱いうちに加えてからめる。

なす

皮はナスニン、果肉はクロロゲン酸を含み
強い抗酸化力を発揮。

199 あっさり塩だれでなすの甘みを堪能

焼きなすのねぎ塩だれ

材料（2人分）

なす … 2本

A
| 長ねぎ（みじん切り） … 4cm分
| 水 … 大さじ1弱
| ごま油 … 小さじ1
| 鶏ガラスープの素 … 小さじ½
| 塩、粗びき黒こしょう … 各少量

作り方

1 なすはオーブントースターで5〜6分、途中上下を返しながら、皮が真っ黒にこげるまで焼く。粗熱が取れたら手で皮をむき、4〜6つ割りにする。

2 器に盛り、合わせたAをかける。

甘めのみそ味はなすと好相性

(200) **なすの甘みそ炒め**

材料（2人分）

なす … 2本
サラダ油 … 大さじ½
　みそ … 大さじ1
　砂糖 … 大さじ½
A　みりん … 小さじ1
　しょうゆ … 小さじ½
　おろししょうが … 小さじ½

作り方

1 なすは縦半分に切り、1cm幅の斜め切りにする。Aは合わせておく。

2 フライパンにサラダ油を中火で熱し、なすを5分ほど炒める。Aで調味する。

MEMO

細切りにしたパプリカやピーマンを一緒に炒めても。

サラダ感覚でモリモリ食べられる

(201) なすと青じそのサラダ風浅漬け

材料（2人分）

なす … 2本
青じそ … 2枚
塩 … 小さじ¼
A｜オリーブ油 … 大さじ½
　｜しょうゆ … 小さじ¼

作り方

1. なすは長さを半分に切り、それぞれ6～8つ割りにし、さっと水にさらして水けをきる。塩をまぶして5分ほどおき、水けをしぼる。青じそはせん切りにしてさっと水にさらして水けをしぼる。

2. ボウルに1を入れ、Aを加えてあえる。

MEMO

オリーブ油をごま油に替えても。

202 レンチンして焼くから火通りバッチリ

なすのみそ田楽

材料（2人分）

なす … 2本
サラダ油 … 大さじ½
A ┃ みそ … 大さじ1⅓
　┃ 砂糖 … 大さじ1弱
　┃ みりん、酒
　┃ 　… 各小さじ1
白いりごま … 適量

作り方

1 なすは1本ずつラップで包み、電子レンジで1分
　10秒〜1分20秒加熱して縦半分に切る。耐熱容
　器にAを合わせ、ふんわりとラップをかけて電子
　レンジで1分20秒ほど加熱して混ぜる。

2 フライパンにサラダ油を中火で熱し、なすの水け
　をふき、皮を下にして並べる。ふたをして2分ほ
　ど焼き、裏返して2分ほど焼く。

3 器に2の切り口を上にして盛り、Aを塗る。白いり
　ごまをふる。

衣はカリッ、中はじゅわっ。甘みたっぷり

(203) **なすの天ぷら**

材料（2人分）

なす … 1本

A ┤ マヨネーズ … 大さじ1
　 │ 冷水 … 大さじ4½
　 │ 小麦粉 … カップ½

揚げ油 … 適量

塩 … 適量

作り方

1 なすは1cm幅の斜め切りにする。

2 ボウルにAを順に入れてそのつど混ぜる（粉を加えたあとは混ぜすぎない）。

3 揚げ油を中温（約170℃）に熱し、なすに2をからめて入れる。衣がかたまったら3〜4分、上下を返しながら揚げる。器に盛り、塩を添える。

桜えび香る煮汁のしみたなすは絶品

204 **なすと桜えびの煮びたし**

材料（2人分）

なす … 2本

桜えび … 3g

A
| だし汁 … カップ¾
| しょうゆ、酒、みりん、砂糖
| … 各大さじ1
| おろししょうが … 小さじ⅓

作り方

1. なすは縦半分に切る。皮に5mm間隔、5mm深さの斜めの切り込みを入れる。さっと水にさらして水けをきる。

2. 鍋にAを煮立て、桜えび、1の皮を下にして入れる。落としぶたをして、弱火で8分ほど煮る。そのまま冷ます。

 なすのマスタードドレッシングマリネ

材料（2人分）

なす … 1本

A｜
オリーブ油 … 大さじ1½
酢 … 大さじ½
水、フレンチマスタード
… 各小さじ1
塩、砂糖 … 各少量

粗びき黒こしょう … 少量

作り方

1. なすは縦7～8mm厚さに切り、さっと水にさらして水けをふく。アルミホイルを敷いたオーブントースターの天板に並べ、6分ほど焼く。

2. バットにAを合わせ、1を入れてからめ、5分ほどおく。器に盛り、粗びき黒こしょうをふる。

206 シンプル調理でなすを堪能
レンジ蒸しなす

材料（2人分）

なす … 2本
おろししょうが … 小さじ1
しょうゆ、削り節 … 各適量

作り方

1 なすは洗った水けがついたまま、1本ず
つラップで包む。電子レンジで2分ほど
加熱し、上下を返して2分ほど加熱する。

2 粗熱が取れたら手で縦に6等分にさいて
器に盛り、しょうゆ、削り節をかけ、しょ
うがを添える。

207 レンジを使えばあっという間
なすの梅ごまあえ

材料（2人分）

なす … 2本
A 梅干し（種を除いて刻む） … 1個分（8g）
　白すりごま … 大さじ1
　しょうゆ … 小さじ½

作り方

1 なすは皮を縞目にむいて1cm幅の半月切
りにし、さっと水にさらして水けをきる。
耐熱容器に入れてふんわりとラップをか
け、電子レンジで3分ほど加熱し、水け
をきる。

2 ボウルにAを合わせ、1を加えてあえる。

蒸し炒めにして野菜の甘みを引き出して

(208) **なすとベーコンのトマト炒め**

材料（2人分）
なす … 2本
トマト … 1個
玉ねぎ … ⅛個
ベーコン … 1枚
オリーブ油 … 大さじ½
塩 … 少量
粉チーズ … 適量

作り方

1 なすは8mm幅の輪切りにする。玉ねぎは縦薄切りにする。ベーコンは1cm幅に切る。トマトは2cm角に切る。

2 フライパンにオリーブ油を中火で熱し、なす、玉ねぎ、ベーコンを入れてふたをし、弱火にしてときどき混ぜながら5分ほど蒸し炒めにする。

3 トマト、水大さじ2を加えてふたをし、ときどき混ぜながら4〜5分蒸し炒めにする。塩で調味し、器に盛り、チーズをふる。

209 よ〜く冷やしただし汁を使って
なすの冷や汁風

材料（2人分）

なす … 小2本
みょうが … 1個
塩 … 小さじ¼
A｜ みそ … 大さじ1
　｜ 白練りごま … 大さじ1½
だし汁 … カップ1½

作り方

1. なすは薄い半月切りにし、さっと水にさらして水けをきる。塩をまぶして5分ほどおき、水けをしぼる。みょうがは小口切りにし、さっと水にさらして水けをしぼる。

2. ボウルにAを合わせ、だし汁を少しずつ加えながら溶き混ぜる。1を加えて混ぜる。

210 なすをピザ風に焼いてジューシーに
なすのチーズ焼き

材料（2人分）

なす … 2本
トマトケチャップ … 適量
ピザ用チーズ … 40g

作り方

1. なすは1cm幅の輪切りにし、さっと水にさらして水けをふく。

2. アルミホイルを敷いたオーブントースターの天板に並べ、ケチャップを塗り、チーズをのせる。8分ほど焼く。

MEMO

好みで粗びき黒こしょうやドライパセリをふって。

にら

強い抗酸化作用を持つ硫化アリルをはじめ
β - カロテンやビタミンＣ、Ｅ など栄養豊富。

にらはさっとゆでればOK

211

にらとささ身のごま酢あえ

材料（2人分）

にら … 1束
鶏ささ身 … 1本

A
酒 … 大さじ½
塩、こしょう … 各少量

白すりごま … 大さじ1½

B
しょうゆ、砂糖 … 各小さじ½
酢 … 小さじ1
塩 … 少量

作り方

1 鍋に湯を沸かし、にらを20秒ほどゆでて冷水にとり、水けをしぼって4cm長さに切る。

2 ささ身は耐熱皿にのせてAをふり、ふんわりとラップをかけて電子レンジで1分30秒ほど、上下を返して50秒ほど加熱する。粗熱が取れたら、筋を除いてほぐす。

3 ボウルにBを合わせ、1、2を加えてあえる。

212 甘めの味つけにほっとする
にらと油揚げの卵とじ

材料（2人分）

にら … ½束
油揚げ … ⅓枚　卵 … 2個
A｜めんつゆ（2倍濃縮）、水 … 各75㎖
　｜砂糖 … 小さじ½
粉山椒 … 適量

作り方

1 にらは3cm長さに切る。油揚げは5mm幅に切る。

2 直径20cmほどのフライパンにAを煮立て、1を入れて中火で30秒ほど煮る。

3 溶きほぐした卵を回し入れてふたをし、1分ほど加熱して火を止め、好みの加減に火を通す。器に盛り、粉山椒をふる。

213 オイスターソースでコクをプラス
にらとたこのキムチあえ

材料（2人分）

にら … 1束
ゆでだこ … 50g
白菜キムチ（粗く刻む）… 30g
A｜ごま油、オイスターソース
　｜… 各小さじ½

作り方

1 鍋に湯を沸かし、にらを20秒ほどゆでて冷水にとり、水けをしぼって4cm長さに切る。たこはそぎ切りにする。

2 ボウルに1、キムチを入れ、Aを加えてあえる。

火が通りやすいよう、平たく作るのがポイント

(214) にらとひき肉の春巻き

材料(2人分)

にら … 1束
豚ひき肉 … 150g
塩 … 小さじ⅓
こしょう … 少量
春巻きの皮 … 6枚
小麦粉 … 大さじ1
揚げ油 … 適量

作り方

1 にらは1cm幅に刻み、塩をまぶして5分ほどおき、水けをしっかりとしぼる。ボウルに入れ、ひき肉、こしょうを加えて練り混ぜる。

2 春巻きの皮で1を等分に包み、巻き終わりを同量の水で溶いた小麦粉でとめる。

3 揚げ油を低めの中温(約160〜170℃)に熱し、2を上下を返しながら6分ほど揚げる。

215

手早く炒めてしゃきっと仕上げて

にらともやしの
豆板醤炒め

材料（2人分）

にら … 1束
もやし … ½パック
ごま油 … 大さじ½

A
酒 … 大さじ½
しょうゆ … 小さじ1
砂糖、鶏ガラスープの素、豆板醤、
おろししょうが … 各小さじ½

作り方

1 にらは4cm長さに切る。Aは合わせておく。

2 フライパンにごま油を中火で熱し、もや
し、にらの順に入れて1分ほど炒める。A
で調味する。

216

トマトの酸味とスパイシーな香り

にらとトマトの
カレー風味スープ

材料（2人分）

にら … ¼束
トマト … 小1個（100g）

A
水 … 350ml
固形コンソメ … 1個
カレー粉 … 小さじ½

作り方

1 にらは2cm長さに切る。トマトは2cm角に
切る。

2 鍋にAを煮立て、1を入れて中火で2分
煮る。

にんじん

β-カロテンの含有量はトップクラス。
油と一緒に調理すれば吸収率アップ。

217 カレーの香りににんじんの甘みが引き立つ
薄切りにんじんのカレー風味煮

材料（2人分）

にんじん … 小1本（150g）
A｜水 … 150mℓ
　｜固形コンソメ … ½個
　｜カレー粉 … 小さじ⅓

作り方

1 にんじんは2mm幅の輪切りにする。

2 鍋にA、1を入れて煮立て、ふたをして
　弱火にし、6分ほど煮る。

218 食べ飽きない定番サラダ
キャロットラペ

材料（2人分）

にんじん … 小1本（150g）
レーズン … 大さじ2

A
オリーブ油 … 大さじ1
レモン汁（または酢）
　… 小さじ1
塩 … 少量

作り方

1 にんじんはスライサーで細切りにする。

2 ボウルに1を入れ、A、レーズンを加えてあえる。

MEMO

Aにフレンチマスタード小さじ⅓を加えても。

明太子がにんじんの甘みを引き出す

219 **にんじんの明太子炒め**

材料 (2人分)

にんじん
　　… 小1本 (150g)
明太子 … 25g
サラダ油 … 小さじ1
しょうゆ … 小さじ½

作り方

1. にんじんはスライサーで細いせん切りにする。明太子は薄皮を除く。

2. フライパンにサラダ油を中火で熱し、にんじんを1分ほど炒める。

3. 明太子を加えてさらに30秒ほど炒め、しょうゆで調味する。

220 やさしい甘さとバターのコクが広がる
にんじんグラッセ

材料（2～3人分）

にんじん … 1本(200g)

A
水 … カップ1
砂糖 … 大さじ1
バター … 5g
塩 … 小さじ¼

ドライパセリ … 少量

作り方

1 にんじんは5cm長さに切り、4～6つ割りにする。

2 鍋にA、1を入れて煮立て、ふたをして弱火で12分ほど煮る。器に盛り、ドライパセリをふる。

221 ひらひらにんじんの食感が楽しい
にんじんのごまあえ

材料（2人分）

にんじん … 小1本(150g)

A
白すりごま … 大さじ1½
しょうゆ … 小さじ1
砂糖 … 小さじ½
和風だしの素 … 小さじ⅓

作り方

1 にんじんはピーラーでリボン状にする。耐熱ボウルに入れてふんわりとラップをかけ、電子レンジで2分ほど加熱し、水けをきる。

2 Aを加えてあえる。

ビタミンも食物繊維もたっぷり

222 **にんじんとひじきのくるみマヨあえ**

材料（2人分）

にんじん … ½本（100g）
芽ひじき（乾）… 小さじ2（2g）
くるみ … 15g
塩 … 少量

A｜マヨネーズ … 大さじ2
　｜塩、こしょう … 各少量

作り方

1　ひじきは水に15分ほどつけてもどす。鍋に
湯を沸かし、2分ほどゆでてざるにあげる。
にんじんはスライサーで細切りにし、塩をま
ぶして軽くもみ、水けをしぼる。くるみは粗
く刻む。

2　ボウルに1を入れ、Aを加えてあえる。

さっぱりサラダ代わりに

223 **にんじんと大根のなます**

材料（2人分）

にんじん … ½本(100g)
大根 … 50g
塩 … 小さじ¼
A｜酢 … 大さじ2
　｜砂糖 … 小さじ2
　｜塩 … 少量

作り方

1. にんじん、大根はそれぞれ5cm長さのせん切りにする。塩をまぶして5分ほどおき、水けをしっかりとしぼる。

2. ボウルにAを合わせ、1を加えてあえる。

(224) 豆腐をなめらかにつぶして口当たりよく

にんじんの白あえ

材料（2人分）

にんじん … ½本（100g）
絹ごし豆腐 … ½丁（150g）

A｜
白すりごま … 大さじ1
しょうゆ … 大さじ½
砂糖、和風だしの素
　… 各小さじ⅓
塩 … 少量

作り方

1 にんじんは5cm長さの細切りにして耐熱容器に入れ、ふんわりとラップをかけて電子レンジで1分50秒ほど加熱する。

2 豆腐は耐熱容器にのせてふんわりとラップをかけ、電子レンジで2分30秒ほど加熱する。キッチンペーパーで包んで水けをしっかりとしぼり、ボウルに入れ、ゴムべらでなめらかにつぶす。

3 2にAを加えてよく混ぜ、1を加えてあえる。

225 お弁当のおかずにもぴったり

にんじん入り卵焼き

材料（2人分）

にんじん … ⅕本（40g）
卵 … 3個

A
砂糖 … 小さじ2
酒 … 小さじ1
しょうゆ … 小さじ⅔
塩 … 少量

サラダ油 … 小さじ½

MEMO

巻きすがなければ、キッチンペーパーでもOK。

作り方

1 にんじんはせん切りにする。卵は溶きほぐし、A、にんじんを加えて混ぜる。

2 卵焼き器にサラダ油を中火で熱し、1の⅔量を流し入れて手早く混ぜる。半熟になったら弱火にし、向こう側から手前に巻き、向こう側に寄せる。残りの卵液を加え、同様に焼く。

3 巻きすの上に取り出して、形を整える。食べやすい大きさに切り分ける。

 わさびの風味をきかせて

にんじんとしらすの和風マリネ

材料（2人分）

にんじん … 小1本（150g）
しらす干し … 15g

A
オリーブ油 … 大さじ1
酢 … 小さじ1
しょうゆ … 小さじ½
練りわさび … 小さじ¼

作り方

1 にんじんはスライサーで細切りにする。

2 ボウルにAを合わせ、1、しらすを加えてあえる。

しょうがを加えてごはんが進む味に

227

にんじんとさつま揚げのしょうがじょうゆ炒め

材料（2人分）

にんじん … ½本（100g）
さつま揚げ … 1枚（50g）
サラダ油 … 小さじ1

A
| しょうゆ … 大さじ½
| みりん、酒 … 各小さじ1
| 砂糖 … 小さじ½
| おろししょうが … 小さじ½

作り方

1 にんじんは5cm長さの短冊切りにする。さつま揚げは半分に切り、1cm幅に切る。

2 フライパンにサラダ油を熱し、1を4分ほど炒める。

3 合わせたAを加えてさっと炒め合わせる。

白菜

くせがなくて食べやすく、和洋中どんな料理にも。
中心に近いほど甘みが強い。

歯ざわりよく、さわやかなサラダ

(228) **白菜とりんごのサラダ**

材料（2人分）

白菜 … 2枚（200g）
りんご … ¼個
塩 … 小さじ¼

A
サラダ油 … 大さじ1½
酢 … 小さじ2
フレンチマスタード … 小さじ1
砂糖 … 小さじ½
塩、こしょう … 各少量

作り方

1 白菜は軸は4cm長さ、5mm幅に、葉は
3cm四方のざく切りにする。ボウルに入
れ、塩をまぶして軽くもみ、5分ほどお
いて水けを軽くしぼる。りんごは皮つき
のまま8等分のくし形に切り、横4mm幅
に切る。

2 ボウルにAを合わせ、1を加えてあえる。

シンプルなおいしさで体にもやさしい

229

白菜入り湯豆腐

材料（2人分）

白菜 … 2枚（200g）
木綿豆腐 … 1丁（300g）
A | 水 … カップ2
　 | 酒 … 大さじ1
　 | 昆布 … 5cm四方1枚
ポン酢しょうゆ、細ねぎの
　　小口切り、おろししょうが、
　　削り節など … 各適量

作り方

1. 白菜は軸は縦半分に切ってそぎ切りに、葉は大きめのざく切りにする。豆腐は食べやすい大きさに切る。

2. 鍋にA、白菜の軸を入れて中火にかけ、ふつふつしてきたら白菜の葉、豆腐を加える。弱火にし、アクを取りながら4分ほど煮る。

3. ポン酢しょうゆ、好みの薬味を添える。

230 軽くとろみをつけて食べやすく
白菜と豚ひき肉の中華炒め

材料 (2人分)

白菜 … 2枚 (200g)
豚ひき肉 … 100g
ごま油 … 大さじ½

A
オイスターソース … 大さじ1
酒 … 大さじ½
片栗粉 … 小さじ1弱
鶏ガラスープの素 … 小さじ½
おろしにんにく … 小さじ½
赤唐辛子 (小口切り)
… ひとつまみ

作り方

1 白菜は軸は4cm長さ、2cm幅に切り、葉はざく切りにする。Aの片栗粉は水大さじ1½で溶き、他のAと合わせる。

2 フライパンにごま油を中火で熱し、ひき肉を色が変わるまで炒める。

3 白菜を加えて2分ほど炒め、Aを再び混ぜて加え、さっと炒め合わせる。

MEMO

片栗粉は水で溶いてから他の調味料と合わせたほうが均一に混ざる。

231

さっとゆでて、シンプルにいただきます

白菜のおひたし

材料（2人分）

白菜 … 小2枚（150g）

A | 水 … 大さじ2
A | しょうゆ … 大さじ½
A | 和風だしの素 … 小さじ½

削り節 … 適量

作り方

1 鍋に湯を沸かし、白菜を3分ほどゆでて冷水にとり、水けを軽くしぼる。

2 Aを合わせ、⅓量を1にかけて軽くしぼり、食べやすい大きさに切る。

3 器に盛り、残りのAをかけ、削り節をのせる。

232

あっさりヘルシーなサラダ風

白菜のしらすポン酢

材料（2人分）

白菜 … 2枚（200g）
しらす干し … 15g
ポン酢しょうゆ … 大さじ½

作り方

1 白菜は軸は4cm長さ、1cm幅に切り、葉はざく切りにする。ボウルに入れ、塩小さじ¼（分量外）をまぶして軽くもみ、5分ほどおいてさっと水洗いし、水けをしぼる。

2 器に盛り、しらすをのせ、ポン酢しょうゆをかける。

233

ミルキーなやさしい味わい
白菜とハムのクリーム煮

材料（2人分）

白菜 … 2枚（200g）

ハム … 2枚

バター … 10g

小麦粉 … 大さじ1½

A ┤ 牛乳 … カップ1
　　固形コンソメ … ½個
　　塩、こしょう … 各少量

作り方

1. 白菜は縦半分に切って軸はそぎ切りに、葉はざく切りにする。ハムは半分に切って1cm幅に切る。

2. フライパンにバターを中火で熱し、1を2分ほど炒める。小麦粉をふり入れて炒め合わせる。

3. Aを加え、中火で沸騰直前まで温め、弱火にして2～3分、混ぜながらとろみがつくまで煮る。

234

レモンの香りと酸味ですっきり

白菜のレモン風味浅漬け

材料（2人分）

白菜 … 2枚（200g）
塩 … 小さじ½
昆布 … 3cm四方1枚
レモンの輪切り … 2枚

作り方

1 白菜は軸は4cm長さ、1.5cm幅に切り、葉はざく切りにする。レモンは4等分に切り、昆布は水につけてやわらかくし、細切りにする。

2 ポリ袋に白菜と塩を入れて軽くもみ、レモン、昆布を加える。空気を抜いて口をしばり、冷蔵庫で2時間以上おく。汁けを軽くきって器に盛る。

235

くたくたに蒸し煮にした白菜が美味

白菜とウインナーのフライパン蒸し

材料（2人分）

白菜 … 2枚（200g）
ウインナー … 2本
A │ オリーブ油、酒 … 各大さじ1
  │ 塩 … 少量
粗びき黒こしょう … 少量

作り方

1 白菜はざく切りにする。ウインナーは3〜4等分の斜め切りにする。

2 フライパンに1を入れ、Aをかける。

3 ふたをして中火にかけ、蒸気が出てきたら弱火にし、6分ほど蒸し煮にする。器に盛り、粗びき黒こしょうをふる。

やさしいうまみがじんわりしみる

(236) 白菜と厚揚げの卵とじ

材料 (2人分)

白菜 … 小2枚 (150g)
厚揚げ … 100g
卵 … 2個

A
| だし汁 … カップ¾
| しょうゆ … 小さじ2
| みりん … 大さじ½
| 砂糖 … 小さじ1

粉山椒 … 少量

作り方

1 白菜は4cm長さ、5mm幅に切る。厚揚げは1cm厚さのひと口大に切る。

2 直径20cmほどのフライパンにA、1を入れて煮立て、ふたをして中火で3分ほど煮る。

3 溶きほぐした卵を回し入れて弱火にし、ふたをして40秒~1分加熱して火を止め、好みの加減に火を通す。器に盛り、粉山椒をふる。

濃厚味でももたれない

237

白菜とツナのチーズ焼き

材料（2人分）

白菜 … 小2枚（150g）
ツナ缶 … ½缶（35g）
バター … 10g

A
| 豆乳（無調整）
| … カップ¼
| 顆粒コンソメ
| … 小さじ½
| 塩、こしょう … 各少量

ピザ用チーズ … 30g

作り方

1. 白菜は軸は4cm長さ、1.5cm幅に切り、葉は小さめのざく切りにする。

2. フライパンにバターを中火で熱し、1を3分ほど炒める。Aを加えて2分ほど煮る。

3. 耐熱の器に2を入れて、軽く油をきったツナ、チーズをのせ、オーブントースターで7分ほど焼く。

パプリカ

甘みがあり、生でも食べやすい。
β‐カロテンやビタミンCを多く含む。

(238) たっぷり作って常備菜にも

パプリカのピクルス

材料（2〜3人分）

パプリカ（赤、黄）… 合わせて1個

A｜ 酢、砂糖 … 各大さじ4
｜ 水 … 大さじ2
｜ 塩 … 大さじ½
｜ 赤唐辛子（種を除く）… ½本分
｜ 粒黒こしょう … 6粒

作り方

1 パプリカは縦1cm幅に切る。

2 小鍋にAを入れて中火で煮立て、火を止め、1を加える。粗熱が取れたら保存容器に移し、冷蔵庫で2時間以上おく。

※冷蔵庫で4日間ほど保存可能

フルーティーで肉厚なパプリカを堪能

239

焼きパプリカの粒マスタードマリネ

材料（2人分）

パプリカ（赤）… 1個

A ┃ オリーブ油 … 大さじ2
┃ 酢 … 小さじ1
┃ 粒マスタード … 小さじ½
┃ 塩 … 小さじ¼
┃ 粗びき黒こしょう … 少量

作り方

1 パプリカは縦半分に切る。

2 アルミホイルを敷いたオーブントースター
の天板に、皮を上にしてのせ、皮が真っ
黒になるまで15分ほど焼く。さっと水で
ぬらして冷まし、水けをふき、手で皮をむ
く。縦2cm幅に切る。

3 ボウルにAを合わせ、2を加えて混ぜ、冷
蔵庫で15分以上おく。

コリコリのザーサイが食感に変化を

(240) **パプリカとザーサイの中華風ごまあえ**

材料（2人分）

パプリカ（赤、黄）
　… 合わせて1個

ザーサイ（味つき）… 25g

A | 白すりごま … 大さじ1
　| ごま油 … 大さじ½
　| オイスターソース … 小さじ½

作り方

1 パプリカは横半分に切って縦薄切りにする。耐熱ボウルに入れてふんわりとラップをかけて、電子レンジで50秒ほど加熱し、水けをきる。ザーサイは粗く刻み、パプリカのボウルに加える。

2 Aを加えてあえる。

うまみと塩けのアンチョビがポイント

241 パプリカの アンチョビマヨ焼き

材料（2人分）

パプリカ（黄）… 1個

A│ アンチョビ（みじん切り）… 2枚分（5g）
A│ マヨネーズ … 大さじ1½
A│ 粗びき黒こしょう … 少量

作り方

1 パプリカは縦6等分に切る。Aは合わせ
ておく。

2 アルミホイルを敷いたオーブントースター
の天板に、パプリカを皮を下にしてのせ、
Aを等分に塗る。

3 マヨネーズに焼き色がつくまで8分ほど
焼く。

意外な組み合わせもあとを引く味

242 パプリカの チーズおかかあえ

材料（2人分）

パプリカ（赤）… 1個
プロセスチーズ（カットタイプ）… 2枚（15g）
削り節 … 4g

A│ しょうゆ … 小さじ1
A│ 練りわさび … 小さじ¼

作り方

1 パプリカは縦4mm幅に切る。耐熱容器に
入れてふんわりとラップをかけて、電子
レンジで50秒ほど加熱し、水けをきる。
チーズは8mm四方に切る。

2 ボウルにAを合わせ、1、削り節を加えて
あえる。

ピーマン

強い抗酸化作用を持つ硫化アリルをはじめ、
β - カロテンやビタミン C、E など栄養豊富。

煮汁がじゅわっ。種ごと食べてOK!

243

ピーマンの丸ごと煮

材料（2人分）

ピーマン … 4個
しょうが … ⅓かけ

A
だし汁 … カップ1½
しょうゆ、酒、みりん
　… 各小さじ2
砂糖 … 小さじ⅔
ごま油 … 小さじ⅓

作り方

1 ピーマンは包丁で1か所切り込みを入れる。
しょうがはせん切りにする。

2 鍋にA、1を入れて煮立て、落としぶたをし
て、弱火で8分ほど煮る。上下を返し、さら
に7〜8分煮る（途中汁けが少なくなったら、
水を少し足す）。

ごはんが進むオイスター味

244 ピーマンとちくわのオイスターソース炒め

材料（2人分）

ピーマン … 3〜4個（120g）
ちくわ … 1本
ごま油 … 大さじ½

A ┤
  酒 … 大さじ1
  オイスターソース … 大さじ½
  おろしにんにく … 小さじ½
  片栗粉 … 小さじ⅓
  赤唐辛子（小口切り）
  　… ひとつまみ

作り方

1 ピーマンは縦8等分に切る。ちくわは
　8mm幅の斜め切りにする。Aの片栗粉
　は水小さじ1で溶き、他のAと合わせ
　る。

2 フライパンにごま油を中火で熱し、
　ピーマン、ちくわを4分ほど炒める。
　Aを再び混ぜて加え、さっと炒め合
　わせる。

MEMO

片栗粉は水で溶いてから他の調味
料と合わせたほうが均一に混ざる。

245 ピーマンの焼きびたし

少しおいて味がなじんでから食べて

材料（2人分）

ピーマン … 4個

A めんつゆ（2倍濃縮）… 大さじ4
　水 … 大さじ3

作り方

1 ピーマンは縦半分に切る。ボウルにAを合わせておく。

2 アルミホイルを敷いたオーブントースターの天板に、ピーマンを皮を上にしてのせ、6分ほど焼く。

3 熱いうちにAに加えてからめ、10分ほどおく。

MEMO

削り節をふって食べても。

246 ピーマンのおかかあえ

削り節のうまみで苦みがやわらぐ

材料（2人分）

ピーマン … 3～4個（120g）

A しょうゆ … 小さじ1
　和風だしの素 … 小さじ⅓
　削り節 … 4g

作り方

1 ピーマンは縦半分に切り、横4mm幅に切る。耐熱ボウルに入れてふんわりとラップをかけ、電子レンジで2分ほど加熱して水けをきる。

2 Aを加えてあえる。

豪快に手でちぎってジャジャッと炒めて

247 **ちぎりピーマンのコチュジャン炒め**

材料（2人分）

ピーマン … 4〜5個（150g）
ごま油 … 大さじ½

A
コチュジャン、酒
　… 各小さじ2
しょうゆ、おろしにんにく
　… 各小さじ⅓

作り方

1 ピーマンは手で食べやすい大きさにちぎる。Aは合わせておく。

2 フライパンにごま油を中火で熱し、ピーマンを5分ほど炒め、Aで調味する。

お弁当の彩りにも重宝
ピーマンの粉チーズあえ

材料（2人分）

ピーマン … 3〜4個（120g）

A ┃ 粉チーズ … 大さじ1½
　┃ オリーブ油 … 大さじ1
　┃ 塩 … 少量

粗びき黒こしょう … 少量

作り方

1 ピーマンは縦半分に切り、横4mm幅に切る。耐熱ボウルに入れてふんわりとラップをかけ、電子レンジで2分ほど加熱して水けをきる。

2 Aを加えてあえ、器に盛り、粗びき黒こしょうをふる。

249 ピーマン嫌いさんもパクリといける
ピーマンのツナチーズ焼き

材料（2人分）

ピーマン … 3個
マヨネーズ … 大さじ1
ツナ缶 … 1缶（70g）
ピザ用チーズ … 40g

作り方

1 ピーマンは縦半分に切る。

2 アルミホイルを敷いたオーブントースターの天板に、ピーマンを皮を下にしてのせ、マヨネーズを等分に塗り、軽く油をきったツナ、チーズを等分にのせる。

3 チーズに焼き色がつくまで8分ほど焼く。

にんにくの香りが食欲をそそる

250 **ピーマンのナムル**

材料（2人分）

ピーマン … 3〜4個（120g）

A｜
ごま油 … 大さじ½
白いりごま … 小さじ1
おろしにんにく、
　鶏ガラスープの素
　… 各小さじ½
塩、こしょう … 各少量

作り方

1 ピーマンは縦半分に切り、横4mm幅に切る。耐熱ボウルに入れてふんわりとラップをかけ、電子レンジで2分ほど加熱して水けをきる。

2 Aを加えてあえる。

Broccoli

ブロッコリー

スルフォラファンという成分に強い抗酸化作用あり。
ビタミンCやβ-カロテンも含む健康野菜。

251

味を含みやすいブロッコリーは薄味で

ブロッコリーと厚揚げの薄味煮

材料（2人分）

ブロッコリー … ⅓株（100g）
厚揚げ … 100g

A
めんつゆ（2倍濃縮）
　… カップ¼
水 … カップ½
しょうが（せん切り）
　… ⅓かけ分

作り方

1. ブロッコリーは小房に分ける。茎は皮をむき、食べやすい大きさの薄切りにする。厚揚げは1.5cm厚さのひと口大に切る。

2. 鍋にAを煮立てて1を入れ、再び煮立ったら、上下を返しながら中火で3分ほど煮る。

は

ブロッコリー

ほんのりチーズ風味の衣をまとわせて

(252) ブロッコリーのピカタ

材料 (2人分)

ブロッコリー … ⅓株 (100g)
小麦粉 … 適量
オリーブ油 … 小さじ1
A 溶き卵 … 1個分
　粉チーズ … 小さじ1
　塩、こしょう … 各少量
B トマトケチャップ、
　　マヨネーズ … 各大さじ1

作り方

1 ブロッコリーは小房に分ける。耐熱容器に重ならないよう並べ、ふんわりとラップをかけて電子レンジで1分40秒ほど加熱し、水けを取る。A、Bはそれぞれ合わせておく。

2 ブロッコリーに小麦粉を薄くまぶす。

3 フライパンにオリーブ油を中火で熱し、2にAをからめて並べ、両面を1分~1分30秒ずつ焼く。器に盛り、Bをかける。

カレーが香るタルタルをたっぷりと

ブロッコリーの
タルタルソースがけ

材料（2人分）

ブロッコリー … ⅓株（100g）
ゆで卵 … 1個

A
| マヨネーズ … 大さじ1
| レモン汁、酢 … 各小さじ¼
| カレー粉 … 小さじ¼
| 塩 … 少量

作り方

1 ブロッコリーは小房に分ける。

2 鍋に湯を沸かし、塩適量（分量外）を加え、1を3分ほどゆでてざるにあげ、器に盛る。

3 ゆで卵はみじん切りにしてAと合わせ、2にかける。

254 水けをしっかりときるのがポイント

ブロッコリーの
ごまあえ

材料（2人分）

ブロッコリー … ⅓株（100g）

A
| 白すりごま … 大さじ1½
| しょうゆ … 小さじ1
| 砂糖 … 小さじ½
| 和風だしの素 … 小さじ¼
| 塩 … 少量

作り方

1 ブロッコリーは小房に分ける。

2 鍋に湯を沸かし、塩適量（分量外）を加え、1を3分ほどゆでてざるにあげる。

3 ボウルにAを合わせ、2を加えてあえる。

一緒に煮てしっかり味を含ませます

255 **ブロッコリーとかにかまのとろみ煮**

材料 (2人分)

ブロッコリー … ½株 (150g)
かに風味かまぼこ … 2本

A
水 … カップ1
鶏ガラスープの素、 ごま油
… 各小さじ1
しょうゆ、 おろしにんにく
… 各小さじ½
塩、こしょう … 各少量

片栗粉 … 小さじ1

作り方

1 ブロッコリーは小房に分ける。 かにかまは長さを半分に切ってほぐす。

2 フライパンにAを煮立て、1を加えて再び煮立ったら、ときどき混ぜながら中火で3分ほど煮る。

3 弱火にし、大さじ1の水で溶いた片栗粉でとろみをつける。

256 ザーサイもほどよい調味料に

ブロッコリーと
ザーサイの中華あえ

材料（2人分）

ブロッコリー … ½株（150g）
長ねぎ（みじん切り）… 5cm分
ザーサイ（味つき・粗く刻む）… 20g

A
ごま油 … 大さじ½
しょうゆ … 小さじ½
おろしにんにく … 小さじ⅓

作り方

1 ブロッコリーは小房に分ける。長ねぎは
　さっと水にさらし、水けをしぼる。

2 鍋に湯を沸かし、塩適量（分量外）を加
　え、ブロッコリーを3分ほどゆでる。

3 ボウルにAを合わせ、長ねぎ、ザーサイ、
　水けをきった2を加えてあえる。

257 上品なゆずの香りが広がる

ブロッコリーと
ささ身のスープ

材料（2人分）

ブロッコリー … ⅓株（100g）
鶏ささ身 … 1本　だし汁 … カップ2

A
しょうゆ … 小さじ1
ゆずこしょう … 小さじ¼

作り方

1 ブロッコリーは小さめの小房に分ける。茎
　は皮をむき、3～4cm長さの細切りにする。
　ささ身は筋を除いてそぎ切りにする。

2 鍋にだし汁を煮立て、ささ身を加えて再び
　煮立てる。中火で3分ほど煮てブロッコ
　リーを加え、さらに2分ほど煮て、Aで調
　味する。

コクのある練りごまだれをかけて

258 **ブロッコリーと豆腐のレンジ蒸し**

材料（2人分）

ブロッコリー … ⅓株（100g）
絹ごし（または木綿）豆腐
　… ½丁（150g）
しょうが（せん切り）… ⅓かけ分
　｜ 練りごま … 大さじ1½
　｜ 砂糖 … 小さじ½
A ｜ しょうゆ … 大さじ½
　｜ 水 … 大さじ1
　｜ 和風だしの素 … 小さじ⅓

作り方

1 ブロッコリーは小房に分ける。豆腐は
　1.5cm厚さのひと口大に切る。Aは順に混
　ぜる。

2 耐熱の器に、ブロッコリーと豆腐を交互に
　並べ、しょうがをちらす。ふんわりとラッ
　プをかけ、電子レンジで4分ほど加熱す
　る。Aをかける。

ほうれん草

緑黄色野菜の代表選手。豊富なβ-カロテンや
ビタミンCが、肌荒れや感染症、老化を予防。

259 軽いランチにもおすすめ
ほうれん草のシーザーサラダ風

材料（2人分）

サラダほうれん草 … ½束（100g）
ベーコン … 2枚
フランスパン（1cm厚さ） … 1～2枚
A　アンチョビ（みじん切り） … 2枚分
　　マヨネーズ … 大さじ1½
　　オリーブ油 … 大さじ1
　　酢、粉チーズ … 各大さじ½
　　牛乳 … 小さじ1
　　おろしにんにく … 小さじ½
　　粗びき黒こしょう … 少量
粉チーズ、粗びき黒こしょう … 各適量

作り方

1. ほうれん草は葉を摘み、食べやすい大きさに、茎は4cm長さに切り、合わせて器に盛る。

2. ベーコンは1cm幅、フランスパンは1.5cm角に切り、アルミホイルを敷いたオーブントースターの天板に並べ、カリッとするまで焼く。ベーコンの脂はキッチンペーパーで押さえる。

3. 1に2をのせ、合わせたAをかける。粉チーズ、粗びき黒こしょうをふる。

260 卵の黄色で華やか。食べごたえも出ます

ほうれん草と炒り卵の塩昆布あえ

材料（2人分）

ほうれん草 … 小1束（150g）
卵 … 1個
A｜酒 … 小さじ½
　｜塩、こしょう … 各少量
サラダ油 … 小さじ½
塩昆布（粗く刻む）
　 … ふたつまみ
しょうゆ … 小さじ½

作り方

1 鍋に湯を沸かし、ほうれん草を40秒ほどゆでて水にとり、水けを軽くしぼって4cm長さに切る。卵は溶きほぐし、Aを加えて混ぜる。

2 フライパンにサラダ油を中火で熱し、卵液を流し入れ、炒り卵を作る。

3 ボウルにほうれん草、2を入れ、塩昆布、しょうゆを加えてあえる。

261 野菜がおいしい簡単白あえ衣
ほうれん草としいたけの白あえ

材料（2人分）

ほうれん草 … 小1束（150g）
しいたけ … 2枚
絹ごし豆腐 … ½丁（150g）

A
| 白すりごま … 大さじ1
| しょうゆ … 大さじ½
| 和風だしの素、砂糖
| … 各小さじ⅓
| 塩 … 少量

作り方

1 鍋に湯を沸かし、ほうれん草を40秒ほど
ゆでて水にとり、水けを軽くしぼって4cm長
さに切る。同じ湯でしいたけを1分ほどゆ
で、水けをしっかり押さえて8mm幅に切る。

2 豆腐は耐熱容器にのせてふんわりとラップ
をかけ、電子レンジで2分30秒ほど加熱
する。キッチンペーパーで包んで水けをしっ
かりとしぼり、ボウルに入れ、ゴムべらで
なめらかにつぶす。Aを加えて混ぜる。

3 2に1を加えてあえる。

くるみのコクとみそが好相性

262 **ほうれん草のくるみみそあえ**

材料（2人分）

ほうれん草
　… 小1束（150g）

くるみ … 30g

A
　みそ … 大さじ½
　水 … 小さじ1
　砂糖 … 小さじ½
　しょうゆ … 小さじ⅓
　和風だしの素 … 少量

作り方

1 鍋に湯を沸かし、ほうれん草を40秒ほどゆでて水にとり、水けを軽くしぼって4cm長さに切る。くるみは厚手のポリ袋に入れ、めん棒で少し粒が残るくらいにたたく。

2 ボウルにA、くるみを合わせ、ほうれん草を加えてあえる。

（263）バターの風味がよく合う

ほうれん草と
コーンのバターソテー

材料（2人分）
ほうれん草 … 小1束（150g）
ホールコーン … 50g
バター … 10g
塩、粗びき黒こしょう … 各少量

作り方

1 ほうれん草は5cm長さに切る。

2 フライパンにバターを中火で熱し、1、コーンを1分ほど炒め、塩、粗びき黒こしょうで調味する。

（264）みそを加えて和風のひと皿に

ほうれん草と
ハムのみそマヨあえ

材料（2人分）
ほうれん草 … 小1束（150g）
ハム … 2枚
A｜マヨネーズ … 大さじ1½
　｜みそ … 小さじ½

作り方

1 鍋に湯を沸かし、ほうれん草を40秒ほどゆでて水にとり、水けを軽くしぼって4cm長さに切る。ハムは半分に切って8mm幅に切る。

2 ボウルにAを合わせ、1を加えてあえる。

炒め合わせて焼くだけの簡単グラタン

(265)
ほうれん草とウインナーのカレーグラタン

材料（2人分）

ほうれん草 … 小1束（150g）
ウインナー … 2本
玉ねぎ … 1/6個
バター … 10g
小麦粉 … 大さじ1
カレー粉 … 小さじ1
A｜牛乳 … カップ1/2
　｜塩、こしょう … 各少量
ピザ用チーズ … 50g

作り方

1 ほうれん草は4cm長さに切る。ウインナーは
　1cm幅の斜め切りに、玉ねぎは縦薄切りに
　する。

2 フライパンにバターを中火で熱し、玉ねぎ、
　ウインナーを2分ほど炒める。ほうれん草を
　加えてさっと炒め、小麦粉、カレー粉をふっ
　て混ぜる。Aを加え、混ぜながらとろみが
　つくまで煮る。

3 耐熱の器に2を入れ、チーズをのせる。
　オーブントースターで7分ほど焼く。

Boiled bean

豆（水煮）

すぐ食べられる手軽な水煮豆。
食物繊維や植物性のたんぱく質を多く含む。

266 みずみずしいきゅうりを合わせて
ミックスビーンズのコロコロサラダ

材料（2人分）

ミックスビーンズ（水煮）… 100g
きゅうり … ½本
ホールコーン … 30g

A
おろし玉ねぎ … 大さじ1
オリーブ油 … 大さじ1
酢 … 大さじ½
しょうゆ … 小さじ1
粗びき黒こしょう、
塩、砂糖 … 各少量

作り方

1 きゅうりは1cm角に切る。

2 ボウルにAを合わせ、ミックスビーンズ、1、コーンを加えてあえる。

パンや野菜につけてどうぞ

267

ひよこ豆のフムス風ペースト

材料（作りやすい分量）

ひよこ豆（水煮）… 100g

A
| レモン汁 … 大さじ½
| オリーブ油 … 大さじ1
| 塩 … ひとつまみ
| おろしにんにく … 小さじ1
| ひよこ豆のゆで汁
|　… 大さじ1~2

オリーブ油 … 適量

クミンパウダー … 少量

作り方

1 鍋に湯を沸かし、ひよこ豆を15分ほどゆでて水けをきる。ゆで汁はとっておく。

2 フードプロセッサーにひよこ豆を入れ、なめらかになるまでかくはんする。Aを順に少しずつ加えてさらにかくはんし、なめらかにする（かたさはゆで汁で調節する）。

3 器に盛り、オリーブ油、クミンパウダーをかける。

サラダ菜で巻いていただきます

268 **ミックスビーンズとウインナーの炒めサラダ**

材料（2人分）
ミックスビーンズ（水煮）… 100g
ウインナー … 2本
オリーブ油 … 小さじ1
塩、粗びき黒こしょう
　… 各少量
サラダ菜 … 4～6枚

作り方
1 ウインナーは8mm幅の輪切りにする。

2 フライパンにオリーブ油を中火で熱し、
　1、ミックスビーンズを3分ほど炒める。
　塩、粗びき黒こしょうで調味する。

3 サラダ菜とともに器に盛る。

MEMO
好みでマヨネーズやレモン汁を
かけても。

269 甘めのしょうゆ味がやみつきに
大豆とじゃこの
甘辛炒め

材料（2人分）

大豆（水煮）… 100g
ちりめんじゃこ … 20g
サラダ油 … 大さじ1

A｜砂糖 … 大さじ1
　｜しょうゆ、水 … 各小さじ1

作り方

1 大豆は水けを取る。

2 フライパンにサラダ油を中火で熱し、1、
　じゃこをカリッとするまで3〜4分炒める。
　Aで調味する。

270 ほんのりにんにくの香りがそそる
ミックスビーンズと
ミニトマトのチーズあえ

材料（2人分）

ミックスビーンズ（水煮）… 100g
ミニトマト … 5個

A｜アンチョビ（みじん切り）… 1枚分
　｜オリーブ油、粉チーズ … 各大さじ1
　｜おろしにんにく … 小さじ1/3
　｜塩、粗びき黒こしょう … 各少量

作り方

1 ミニトマトは半分に切る。

2 ボウルにAを合わせ、1、ミックスビーン
　ズを加えてあえる。

水菜

しゃきっとした歯ざわりと、軽い辛みが持ち味。
カルシウムや鉄などミネラルを含む。

カリカリトッピングでモリモリいける

(271) 水菜と油揚げ、じゃこの和風サラダ

材料（2人分）

水菜 … 2株（100g）
ちりめんじゃこ … 15g
油揚げ … ½枚
サラダ油 … 小さじ1
A {
サラダ油 … 大さじ1½
酢 … 小さじ2
しょうゆ … 小さじ1
砂糖 … 小さじ¼
}

作り方

1 水菜は5cm長さに切る。油揚げは半分に切り、1cm幅に切る。

2 フライパンにサラダ油を中火で熱し、油揚げとじゃこを3分ほど炒める。

3 器に水菜を盛り、2をのせ、合わせたAをかける。

272 メンマでうまみをプラス
水菜と
メンマの中華あえ

材料（2人分）

水菜 … 2株（100g）

メンマ（味つき）… 20g

A
| ごま油 … 大さじ1
| しょうゆ、白いりごま … 各小さじ1
| おろしにんにく … 小さじ½
| 塩 … 少量

焼きのり … 適量

作り方

1 水菜は4cm長さに切る。メンマは2cm長さに切る。

2 ボウルにAを合わせ、1、ちぎったのりを加えてあえる。

273 相性のいいしょうゆとオリーブ油で
水菜と
ひじきのあっさりサラダ

材料（2人分）

水菜 … 2株（100g）

芽ひじき（乾）… 大さじ1

A
| オリーブ油 … 大さじ1
| しょうゆ … 小さじ1
| 塩、粗びき黒こしょう … 各少量

作り方

1 水菜は5cm長さに切る。ひじきは15分ほど水につけてもどす。鍋に湯を沸かし、ひじきを2分ほどゆでてざるにあげる。

2 ボウルに1を入れ、Aを加えてあえる。

274 水菜とかまぼこのすまし汁

さっと煮るだけの簡単汁もの

材料（2人分）

水菜 … ½株（25g）
かまぼこ … 3cm
A | だし汁 … 350mℓ
  | 酒 … 小さじ1
B | しょうゆ … 小さじ½
  | 塩 … 少量

作り方

1 水菜は3cm長さに切る。かまぼこは薄切りにする。

2 鍋にAを煮立て、1を40秒ほど煮る。Bで調味する。

275 水菜とかにかまのごま酢あえ

軽くゆでると食べやすさアップ

材料（2人分）

水菜 … 2株（100g）
かに風味かまぼこ … 2本
  | 白すりごま … 大さじ1½
  | 酢 … 大さじ½
A | しょうゆ … 小さじ1
  | 砂糖 … 小さじ½
  | 塩、和風だしの素 … 各少量

作り方

1 鍋に湯を沸かし、水菜を40秒ほどゆでて水にとり、水けを軽くしぼって4cm長さに切る。かにかまはほぐす。

2 ボウルにAを合わせ、1を加えてあえる。

ゆずこしょうが味の引き締め役

276 **水菜と厚揚げのゆずこしょう炒め**

材料（2人分）

水菜 … 2株（100g）
厚揚げ … 100g
サラダ油 … 大さじ½

A
| 酒 … 大さじ½
| しょうゆ … 小さじ1
| みりん、ゆずこしょう
| … 各小さじ½

作り方

1 水菜は5cm長さに切る。厚揚げは1cm厚さのひと口大に切る。

2 フライパンにサラダ油を熱し、厚揚げを並べ、2分ほど焼く。水菜を加えて30秒ほど炒める。合わせたAで調味する。

もやし

お手頃価格で家計にやさしい優秀野菜。
低エネルギーでダイエット中にもおすすめ。

うまみたっぷりの中濃ソース味

277 もやしと卵のソース炒め

材料（2人分）

もやし … 1袋
卵 … 1個
ごま油 … 大さじ½
A｜ 中濃ソース … 大さじ1½
　｜ 塩 … 少量
青のり … 少量

作り方

1　フライパンにごま油を中火で熱し、溶きほぐした卵をさっと炒めて取り出す。

2　1のフライパンでもやしを中火で1分ほど炒め、1の卵を戻し入れる。Aで調味し、器に盛り、青のりをふる。

たれを覚えておくといろいろ応用できます

278 **もやしとささ身のバンバンジー風**

材料（作りやすい分量）

もやし … 1袋
鶏ささ身 … 1本

A｜酒 … 大さじ1
　｜塩、こしょう … 各少量

B｜長ねぎ（みじん切り）
　｜　… 大さじ1½
　｜おろししょうが … 小さじ½
　｜白練りごま … 大さじ1½
　｜砂糖 … 大さじ½
　｜しょうゆ、酢 … 各大さじ1
　｜ごま油 … 小さじ1

作り方

1. もやしは耐熱容器に入れてふんわりとラップをかけ、電子レンジで2分30秒ほど加熱して水けをきる。

2. ささ身は耐熱皿にのせ、Aをふり、ふんわりとラップをかけ、電子レンジで1分30秒ほど、上下を返して50秒ほど加熱する。粗熱が取れたら食べやすくさく。ボウルにBを順に入れてそのつど混ぜる。

3. 器に1、ささ身を盛り、Bをかける。

手早く炒めて食感よく仕上げて

279
もやしとウインナーのカレー炒め

材料（2人分）

もやし … 1袋
ウインナー … 2本
オリーブ油 … 大さじ½
A 顆粒コンソメ … 小さじ1
　 カレー粉 … 小さじ½

作り方

1 ウインナーは4～5等分の斜め切りにする。

2 フライパンにオリーブ油を中火で熱し、1を
　 1分ほど炒める。もやしを加え、手早く炒
　 め合わせ、Aで調味する。

280 アクセントにしょうがをトッピング

もやしとえのきの酢のもの

材料（2人分）

もやし … ⅓袋
えのきたけ … ⅓袋
A｜酢 … 大さじ2
　｜しょうゆ … 小さじ½
　｜砂糖 … 小さじ2
　｜塩 … ひとつまみ
しょうが（せん切り）… 適量

作り方

1 鍋に湯を沸かし、もやしを2分ほどゆでてざ
るにあげる。えのきは半分に切り、もやしと
同じ湯で2分ほどゆでて冷水にとり、水けを
しぼる。

2 ボウルに1を合わせ、合わせたAを加えてあ
える。器に盛り、しょうがをのせる。

(281) コリコリとした豆の食感も楽しい
豆もやしのナムル

材料（2〜3人分）

豆もやし … 1袋

A
　ごま油 … 大さじ1
　白いりごま … 小さじ1
　おろしにんにく … 小さじ½
　鶏ガラスープの素 … 小さじ½
　塩、こしょう … 各少量

作り方

1 鍋に湯を沸かし、豆もやしを5分ほどゆでてざるにあげる。

2 ボウルに1を入れ、Aを加えてあえる。

(282) 高菜漬けが味わい深い調味料に
もやしの刻み高菜あえ

材料（2人分）

もやし … 1袋

刻み高菜漬け … 25g

A
　ごま油 … 小さじ1
　しょうゆ … 小さじ½

作り方

1 鍋に湯を沸かし、もやしを2分ほどゆでてざるにあげる。

2 ボウルに1、高菜漬けを入れ、Aを加えてあえる。

283 まろやかな味わいの具だくさんスープ

もやしとひき肉の豆乳スープ

材料（2人分）

もやし … ½袋

豚ひき肉 … 80g

A
| 水 … 250㎖
| 酒、鶏ガラスープの素
| … 各大さじ½
| おろしにんにく … 小さじ½

B
| 豆乳（無調整）… カップ½
| オイスターソース … 小さじ1

ラー油 … 適量

細ねぎ（小口切り）… 適量

作り方

1 鍋にAを煮立て、ひき肉を加えて混ぜ、再び煮立ったら中火で2分煮て、アクをとる。

2 もやしを加えてさらに2分煮て、Bを加えてひと煮する。器に盛り、ラー油をふり、細ねぎをちらす。

284 手軽なポン酢しょうゆであっさりと

もやしとかにかまの
ポン酢あえ

材料（2人分）

もやし … 1袋
かに風味かまぼこ … 2本
ポン酢しょうゆ … 大さじ1

作り方

1 鍋に湯を沸かし、もやしを2分ほどゆで
　てざるにあげる。かにかまはほぐす。

2 ボウルに1を入れ、ポン酢しょうゆを加え
　てあえる。

285 マヨにオイスターのうまみをプラス

もやしとツナの
オイスターマヨあえ

材料（2人分）

もやし … 1袋
ツナ缶 … ½缶（35g）

A｜マヨネーズ … 大さじ1
　｜オイスターソース … 大さじ½
　｜おろしにんにく … 小さじ½
　｜塩、こしょう … 各少量

作り方

1 鍋に湯を沸かし、もやしを2分ほどゆで
　てざるにあげる。ツナは軽く油をきる。

2 ボウルにAを合わせ、1を加えてあえる。

レンチン仕上げでしゃきっと

(286)

もやしのベーコン蒸し

材料（2人分）

もやし … 1袋
ベーコン … 2枚
オリーブ油 … 大さじ1
しょうゆ … 小さじ1
粗びき黒こしょう … 各少量

作り方

1 ベーコンは1.5cm幅に切る。

2 耐熱の器にもやしとベーコンを交互に重ね、オリーブ油をまわしかけ、しょうゆ、粗びき黒こしょうをふる。

3 ふんわりとラップをかけ、電子レンジで2分30秒ほど加熱する。

レタス

しゃきっと歯ざわりよく、サラダにぴったり。
加熱すればかさが減り、たっぷり食べられる。

大きめカットで豪快に

287 レタスのねぎ塩だれ

材料（2人分）

レタス … ¼個（150g）

A
長ねぎ（みじん切り）… 大さじ2
ごま油、サラダ油 … 各大さじ½
酢、水 … 各小さじ1
おろしにんにく … 小さじ½
塩、粗びき黒こしょう … 各少量

作り方

1 レタスは2〜4等分のくし形切りにして器に盛る。

2 Aを合わせ、1にかける。

288 軽くしんなりさせるとモリモリいける

レタスと
のりのごま油あえ

材料（2人分）

レタス … ¼個（150g）
焼きのり … ⅓枚
塩 … 少量

A
| ごま油 … 小さじ2
| 白いりごま … 小さじ1
| おろしにんにく … 小さじ½
| 鶏ガラスープの素 … 小さじ⅓

作り方

1 レタスはひと口大にちぎって塩をまぶし、軽くもんで水けをそっとしぼる。

2 ボウルに入れ、ちぎった焼きのり、Aを加えて混ぜる。

289 シンプルで飽きのこないひと皿

レタスの
オイスターソース炒め

材料（2人分）

レタス … ⅓個（200g）
ごま油 … 大さじ½

A
| オイスターソース … 大さじ1
| 酒 … 小さじ1
| おろししょうが … 小さじ½

作り方

1 レタスはざく切りにする。

2 フライパンにごま油を中火で熱し、1を入れて強火にする。1分ほど炒め、Aで調味する。

290
忙しい朝でもすぐ完成
レタスと
卵のコンソメスープ

材料（2人分）

レタス … ⅙個（100g）

卵 … 1個

A | 水 … カップ2
A | 固形コンソメ … 1個

粗びき黒こしょう … 少量

作り方

1 レタスは食べやすくちぎる。

2 鍋にAを煮立て、1を入れる。再び煮
立ったら溶きほぐした卵を加え、ふわっと
浮いてきたらひと混ぜする。器に盛り、
粗びき黒こしょうをふる。

291
甘酢であえてサラダ風に
レタスと
わかめの酢のもの

材料（2人分）

レタス … ¼個（150g）

カットわかめ（乾） … 2g

塩 … 少量

A | 酢 … 大さじ2
A | 砂糖 … 小さじ2
A | しょうゆ … 小さじ⅓

作り方

1 わかめはぬるま湯に5分ほどつけてもど
し、水けをしぼる。レタスはひと口大にち
ぎって塩をまぶし、軽くもんで水けをそっ
としぼる。

2 ボウルにAを合わせ、1を加えてあえる。

朝ごはんやブランチにも
292 **レタスのシーザーサラダ**

材料 (2人分)

レタス … ¼個 (150g)
ツナ缶 … 1缶 (70g)
食パン (8枚切り) … ⅓枚

A
| アンチョビ (みじん切り) … 2枚分
| マヨネーズ … 大さじ1½
| オリーブ油 … 大さじ1
| 酢、粉チーズ … 各大さじ½
| 牛乳 … 小さじ1
| おろしにんにく … 小さじ½
| 塩、粗びき黒こしょう … 各少量

粗びき黒こしょう … 少量

作り方

1 レタスはひと口大にちぎる。食パンは1cm角に切り、オーブントースターでカリッと焼く。Aは合わせておく。

2 器にレタス、軽く油をきったツナを盛り、食パンをちらす。Aをかけ、粗びき黒こしょうをふる。

MEMO

食パンにおろしにんにくとバターを塗って焼くと風味アップ。

Lotus root

れんこん

豊富なビタミンCや食物繊維が免疫力をアップ。
選ぶときは穴が黒ずんでいないものを。

293 しゃりしゃりっと心地よい歯ざわり
れんこんのきんぴら

材料（2人分）

れんこん … 150g
ごま油 … 大さじ½

A
しょうゆ、砂糖、酒
　… 各大さじ1
赤唐辛子（小口切り）
　… ひとつまみ

作り方

1 れんこんは3mm幅の半月切りかいちょう切りにし、さっと水にさらして水けをきる。

2 フライパンにごま油を中火で熱し、1を3〜4分炒める。

3 Aを加え、汁けがほとんどなくなるまで炒め合わせる。

（294）油揚げを加えてコクをアップ

れんこんと油揚げのごま酢あえ

材料（作りやすい分量）

れんこん … 150g

油揚げ … ½枚

A
白すりごま … 大さじ2
酢 … 大さじ½
しょうゆ … 小さじ1
砂糖 … 小さじ½
和風だしの素 … 小さじ⅓
塩 … 少量

作り方

1 れんこんは3㎜幅のいちょう切りにし、さっと水にさらして水けをきる。

2 鍋に湯を沸かし、酢適量（分量外）を加え、1を5分ほどゆでてざるにあげる。同じ湯で油揚げをさっとゆでて冷水にとり、水けをしぼる。半分に切って5㎜幅に切る。

3 ボウルにAを合わせ、2を加えてあえる。

295 たらこがアクセント。明太子でもOK

れんこんのたらこチーズ焼き

材料（2人分）

れんこん … 150g
たらこ … 25g
マヨネーズ … 大さじ1½
ピザ用チーズ … 40g

作り方

1 れんこんは2mm幅の半月切りかいちょう切りにして、さっと水にさらして水けをきる。たらこは薄皮を除く。

2 耐熱の器にれんこんを並べ、たらこを塗る。マヨネーズをしぼり、チーズをのせる。

3 オーブントースターで、8分ほど焼く。

ほんのりカレーの香りがそそる

**296 れんこんとツナの
カレーマヨサラダ**

材料（2人分）

れんこん … 150g
ツナ缶 … ½缶（35g）
A ┃ マヨネーズ … 大さじ2
　┃ カレー粉 … 小さじ⅓
　┃ 塩 … 少量
ドライパセリ … 少量

作り方

1 れんこんは3mm幅のいちょう切りにし、さっと水にさらして水けをきる。鍋に湯を沸かし、酢適量（分量外）を加え、れんこんを5分ほどゆでてざるにあげる。

2 ボウルに1、軽く油をきったツナを入れ、Aを加えてあえる。器に盛り、パセリをふる。

赤じそが上品に香る箸休め

297 れんこんの赤じそあえ

材料（2人分）

れんこん … 150g
赤じそふりかけ … 小さじ⅔

作り方

1 れんこんは3mm幅のいちょう切りにし、さっと水にさらして水けをきる。鍋に湯を沸かし、酢適量（分量外）を加え、れんこんを5分ほどゆでてざるにあげる。

2 ボウルに1を入れ、赤じそふりかけを加えてあえる。

レモンをきゅっとしぼってどうぞ

298

れんこんの和風ステーキ

材料（2人分）

れんこん … 150g
小麦粉 … 適量
オリーブ油 … 大さじ1
A ┌ しょうゆ … 大さじ1
 │ 酒、みりん … 各大さじ½
 └ 砂糖 … 小さじ1
細ねぎ（小口切り）… 適量
レモン（くし形切り）… 1切れ

作り方

1 れんこんは1cm幅の輪切りにして、さっと水にさらして水けをふく。小麦粉を薄くまぶす。

2 フライパンにオリーブ油を弱火で熱し、1を並べてふたをし、6分ほど焼く。裏返してさらに5～6分焼く。

3 フライパンの余分な油をふき、合わせたAを加えて中火にし、さっとからめる。器に盛り、細ねぎをふり、レモンを添える。

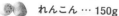

299 バターとしょうゆのコンビが絶品

れんこんとベーコンの
バターじょうゆ炒め

材料（2人分）

れんこん … 150g
ベーコン … 1枚　オリーブ油 … 大さじ1
A│ 酒 … 大さじ1
　│ しょうゆ … 小さじ1　バター … 5g
　│ おろしにんにく … 小さじ⅓

作り方

1 れんこんは縦4等分に切り、厚手のポリ袋に入れ、めん棒でたたいて食べやすい大きさに割る。ベーコンは1cm幅に切る。

2 フライパンにオリーブ油を弱火で熱し、1を入れ、ふたをしてときどき混ぜながら7〜8分炒める。Aを加えて中火にし、さっとからめる。

300 炒めることで酢の酸味もマイルドに

れんこんと
にんじんの甘酢炒め

材料（2人分）

れんこん … 120g
にんじん … ⅙本　サラダ油 … 大さじ½
A│ 酢、砂糖、酒 … 各大さじ1
　│ しょうゆ … 大さじ½　塩 … 少量

作り方

1 れんこんは2mm幅の半月切りかいちょう切りにして、さっと水にさらして水けをきる。にんじんも同様に切る。

2 フライパンにサラダ油を中火で熱し、1を2分ほど炒める。

3 Aを加え、弱めの中火にし、汁けがなくなるまで炒める。

阪下千恵（さかした・ちえ）

料理研究家・栄養士。獨協大学外国語学部フランス語学科、淑徳短期
大学食物栄養学科卒業。大手外食企業、無農薬・有機野菜・無添加
食品などの宅配会社を経て独立。現在は書籍、雑誌、企業販促用レシ
ピ開発、HP・テレビ等の料理レシピ作成、食育関連講習会などで幅広く
活躍中。夫と2人の娘の4人家族。著書に『毎日のホットクックレシピ』（日
東書院）、『作りおき×すぐできおかず400品』（学研プラス）他多数。

STAFF
撮影　原ヒデトシ
スタイリング　宮沢ゆか
デザイン　フレーズ（鈴木明子　大薮胤美）
取材・構成　久保木薫
校閲　草樹社
企画・編集　小林弘美（学研プラス）

一生使える！野菜のおかず事典300

2020年6月15日　第1刷発行　2022年5月13日　第3刷発行
著　者　　阪下千恵
発行人　　中村公則
編集人　　滝口勝弘
発行所　　株式会社学研プラス
　　　　　〒141-8415　東京都品川区西五反田2-11-8
印刷所　　大日本印刷株式会社

● この本に関する各種お問い合わせ先
■ 本の内容については下記サイトのお問い合わせフォームよりお願いします。
　https://gakken-plus.co.jp/contact/
■ 在庫については　TEL03-6431-1250（販売部）
■ 不良品（落丁、乱丁）については　TEL0570-000577
　学研業務センター
　〒354-0045 埼玉県入間郡三芳町上富279-1
■ 上記以外のお問い合わせは　TEL0570-056-710（学研グループ総合案内）